软考论文高分特训与范文 10 篇——信息系统项目管理师

主　编　薛大龙

副主编　唐　徽　刘开向　王跃利

扫码观看视频课程

中国水利水电出版社
www.waterpub.com.cn

·北京·

内 容 提 要

本书是信息系统项目管理师考试的论文考试专项集训用书。

本书围绕考生在备考论文过程中的典型痛点与难点，结合作者多年的信息系统项目管理师课程培训经验，基于对历年论文题目及考点的系统分析及准确把握，把论文写作的基础、写作要求与策略、论文评判标准、优秀论文点评、完整论文范文等有机地组织起来，以期能够从降低论文写作难度和提高论文写作技巧两个维度齐头并进，快速提高考生的论文写作水平，提高论文考试通过率。

本书适用于信息系统项目管理师的备考考生，也适合于相关培训班作为信息系统项目管理师论文专项培训教材使用，希望本书能给相关师生带来切实的帮助。

图书在版编目（CIP）数据

软考论文高分特训与范文10篇：信息系统项目管理师 / 薛大龙主编. -- 北京：中国水利水电出版社，2022.6（2023.1重印）
ISBN 978-7-5226-0733-7

Ⅰ. ①软… Ⅱ. ①薛… Ⅲ. ①信息系统－项目管理－资格考试－自学参考资料 Ⅳ. ①G202

中国版本图书馆CIP数据核字(2022)第088339号

策划编辑：周春元　　责任编辑：杨元泓　　加工编辑：王一然　　封面设计：杨玉兰

书　　名	软考论文高分特训与范文 10 篇——信息系统项目管理师 RUANKAO LUNWEN GAOFEN TEXUN YU FANWEN 10 PIAN—XINXI XITONG XIANGMU GUANLISHI
作　　者	主　编　薛大龙 副主编　唐　徽　刘开向　王跃利
出版发行	中国水利水电出版社 （北京市海淀区玉渊潭南路 1 号 D 座　100038） 网址：www.waterpub.com.cn E-mail：mchannel@263.net（答疑） 　　　　　sales@mwr.gov.cn 电话：（010）68545888（营销中心）、82562819（组稿）
经　　售	北京科水图书销售有限公司 电话：（010）68545874、63202643 全国各地新华书店和相关出版物销售网点
排　　版	北京万水电子信息有限公司
印　　刷	三河市鑫金马印装有限公司
规　　格	184mm×240mm　16 开本　8.75 印张　218 千字
版　　次	2022 年 6 月第 1 版　　2023 年 1 月第 2 次印刷
印　　数	3001—7000 册
定　　价	58.00 元

凡购买我社图书，如有缺页、倒页、脱页的，本社营销中心负责调换

编委会

主　任：薛大龙

副主任：邹月平　施　游　唐　徽

　　　　胡晓萍　李学俭

委　员：朱小平　雷红艳　王开景

　　　　刘开向　王跃利　杨　进

　　　　胡　强　朱　宇

前　言

信息系统项目管理师是全国计算机技术与软件专业技术资格考试的高级水平测试。该考试总共包含三个科目，分别是综合知识（又称上午一）、案例分析（又称下午一）、论文（又称下午二）。

由于本考试涉及的知识范围广、难度系数高，所以全国平均通过率一般不超过10%。

这三个科目的考试都不算太容易，但对于绝大多数考生来说，论文考试是最困难的。哪怕是对于许多有实际工作经验的考生来说，不知道如何进行知识准备、不知道如何下笔写作、不知道如何组织写作思路、不知道论文的判分标准、难以找到完整真实的论文范文作为学习参考，也经常会成为他们备考过程中的典型困惑。

具有超过十年软考课程培训及阅卷经验的软考培训金牌讲师薛大龙博士，组织多名领域内的资深培训讲师，综合各个讲师的黄金授课经验，基于系统的考点大数据分析，针对考生的上述困惑，精心设计与编写了本书。

首先，本书在第1章，根据项目管理的五大过程组及十大知识域，系统地讲授了对应的论文写作所需的知识准备。这样，就解决了考生面对不同论文题目时的知识需求。本书第2章，主要讲解论文的写作要求及应对策略，其中给出了论文的判卷标准、通用写作框架，可以帮助考生高效地学会论文编写的通用性思路与方法。本书的第3章，具有判卷经验的讲师结合自身的判卷经验，精心选择了两篇论文进行点评，以期读者能够从中更直接地感受论文写作的注意事项。本书的第4章，作者们精心选择了10篇优秀、真实、完整的论文供读者参考，而这10篇论文，有针对性地覆盖了本科目的10大知识域，或者说，有针对性地覆盖了论文考试的范围。

本书由薛大龙担任主编，唐徽、刘开向、王跃利担任副主编，几位老师均为资深软考培训老师，具有丰富的软考培训与命题研究经验。书中图片由马利永和王开景编制。全书由唐徽统稿，薛大龙终审。

主要作者介绍

薛大龙：北京理工大学软件工程博士研究生，多所大学客座教授，财政部政府采购评审专家，北京市评标专家。曾多次参与软考的命题与阅卷，对软考的命题要求、命题形式、命题难度、命题深度、命题重点及判卷标准等规律有深入研究，对软考课程的教学有独到方法，其讲课风格诙谐幽默，对考试重点的讲解深入浅出，深受广大考生的喜爱。

唐徽，高级工程师，信息系统项目管理师，系统集成项目管理工程师，信息系统监理工程师；从事信息管理相关工作多年，面授名师、网校名师，多次受邀进行大型国企、上市公司企业内训；多次受邀参与多家大型企业项目指导工作；任《信息系统项目管理师章节习题与考点特训》副主编、《信息系统项目管理师历年真题解析（第 4 版）》副主编、《系统集成项目管理工程师历年真题解析（第 5 版）》副主编、《信息系统项目管理师历年真题解析（第 5 版）》副主编、《画重点解难题——备考信息系统项目管理师》副主编。

刘开向，高级工程师，信息系统项目管理师，系统规划与管理师，系统集成项目管理工程师，网校名师；从事信息管理相关工作，具有多年的信息化项目管理经验，对于信息系统项目管理师、系统规划与管理师、系统集成项目管理工程师等具有丰富的授课经验，擅长对考试进行分析和总结；任《系统集成项目管理工程师历年真题解析（第 5 版）》副主编、《信息系统项目管理师历年真题解析（第 5 版）》副主编，并参与多本相关图书的编写及后期审核、修改工作。

王跃利，高级工程师，信息系统项目管理师，系统规划与管理师，系统集成项目管理工程师，企业内部培训师，面授名师、网校名师；曾应多家企业邀请，负责企业内部培训工作，对于信息系统项目管理师、系统规划与管理师、系统集成项目管理工程师等科目具有丰富的授课经验，擅长对考试进行分析和总结；曾多次参与企业项目建设管理工作；任《画重点解难题——备考信息系统项目管理师》副主编，参与多本书籍的编写及后期审核、修改工作。

编　者
2022 年 6 月于北京

目　录

第1章
论文涉及的项目管理知识准备

1.1 历年论文题目及考查点梳理

论文就是结合理论阐述自己在项目中怎么进行项目管理相关工作。近年的考试论文主要分为两个类型：一类是单论文；一类是组合论文。单论文就是单独讲述自己项目工作中涉及到的十大知识域中的某一个。组合论文就是讲述自己项目工作涉及到十大知识域中的多个知识域。要写好论文就需要熟悉五大过程组和十大知识域的47个过程，掌握它们的内容，理解它们的作用，熟悉各过程的输入、常用的工具和技术、输出。历年论文题目见表1-1-1。

表 1-1-1　信息系统项目管理师历年论文题目（2011 年 5 月－2022 年 5 月）

时间	论文一	论文二
2011.05	成本管理	沟通管理
2011.11	质量管理	人力资源管理：团队建设
2012.05	风险管理	可行性研究
2012.11	安全策略	大型项目的管理
2013.05	沟通管理	风险管理
2013.11	质量管理	沟通管理
2014.05	人力资源管理	范围管理
2014.11	论多项目的资源管理	进度管理
2015.05	风险管理	质量管理
2015.11	大项目/多项目的成本管理	采购管理
2016.05	范围管理	进度管理
2016.11	绩效管理	人力资源管理

续表

时间	论文一	论文二
2017.05	范围管理	采购管理
2017.11	安全管理	成本管理
2018.05	质量管理	人力资源管理
2018.11	沟通管理	风险管理
2019.05	风险管理+安全管理	人力资源+成本管理
2019.11	整体管理	沟通管理（+干系人管理）
2020.11	成本管理	采购管理
2021.05	范围管理	合同管理
2021.11	招投标管理	进度管理
2022.05	干系人管理	

历年论文题目及论文要求见表 1-1-2。

表 1-1-2 信息系统项目管理师历年论文题目及论文要求（2011 年 5 月－2022 年 5 月）

时间	论文题目	论文要求
2011.05	成本管理	1. 简要叙述你参与管理过的信息系统项目（项目背景、发起单位、项目目标、项目内容、组织结构、项目周期、交付的产品、项目特色等）。 2. 基于你对成本管理的认识，并结合你所管理的项目情况，论述项目成本管理所应实施的活动。请围绕但不局限于以下要点： （1）成本管理的概念和重要性； （2）成本管理的基本活动、技术或方法； （3）你所在的项目如何实施成本管理，采用了哪些方法，进行成本管理后的效果如何。 3. 结合你的项目管理经历，总结信息系统项目在进行成本管理时应重点关注的内容，谈谈你的心得体会或经验教训
	沟通管理	1. 简要叙述你参与管理过的信息系统项目及项目管理过程中有关沟通的体会。 2. 请依据项目管理理论，简要论述应该如何与客户沟通。 3. 请结合在你的项目管理实践中发生的具体实例，论述如何在项目的整个生命周期中确保与客户的良好沟通
2011.11	质量管理	1. 概要叙述你参与管理过的信息系统项目（项目的背景、项目规模、发起单位、目的、项目内容、组织结构、项目周期、交付的产品等）。 2. 围绕以下几点，结合项目管理实际情况论述你对大型项目质量控制的认识。 （1）质量控制的依据； （2）质量控制的工具和技术； （3）质量控制的输出。 3. 请结合论文中所提到的信息系统项目，介绍你如何对其执行质量控制（可叙述具体做法），并总结你的心得体会

时间	论文题目	论文要求
2011.11	人力资源管理：团队建设	1. 概要叙述你参与管理过的信息系统项目（项目的背景、项目规模、发起单位、目的、项目内容、组织结构、项目周期、交付的产品等）。 2. 围绕以下几点，结合项目管理实际情况论述你对项目团队管理的认识。 （1）项目团队管理的输入； （2）项目团队管理的工具和技巧； （3）项目团队管理的输出。 3. 请结合论文中所提到的信息系统项目，介绍你如何进行团队管理（可叙述具体做法），并总结你的心得体会
2012.05	风险管理	1. 概要叙述你参与过的信息系统项目（发起单位、目的，项目周期、交付产品等），你在其中承担的工作以及在风险管理过程中承担的工作。 2. 请简要论述你对项目风险的认识和项目风险管理的基本过程、主要方法、工具。 3. 结合你的项目实际经历，请指出你参与管理过的信息系统项目最主要的风险是什么，并具体阐述其应对计划，包括：风险描述、出现的原因、采用的具体应对措施、方法和工具等
	可行性研究	1. 概要叙述你参与过的信息系统项目（发起单位、目的，项目周期、交付的产品等），你在其中承担的工作以及在风险管理过程中承担的工作。 2. 结合具体的项目，论述初步可行性和详细可行性研究的主要内容以及两者间的联系和差异。 3. 根据你的项目管理经验，简要阐述可行性研究在信息系统项目中的重要意义
2012.11	安全策略	1. 概要叙述你参与管理过的信息系统项目（项目的背景、项目规模、发起单位、目的、项目内容、组织结构、项目周期、交付的产品、项目安全需求等）。 2. 围绕以下两方面，结合项目实际论述构建信息系统安全策略的基本内容。 （1）构建信息安全策略的核心内容； （2）构建信息安全策略的设计原则。 3. 请结合论文中所提到的信息系统项目，简要论述项目中涉及的几种具体的安全策略，并指出其中可以进一步改进之处
	大型项目的管理	1. 简要叙述你参加管理过的大型复杂信息系统项目，包括项目的背景、发起单位、目标、项目内容、项目领域和交付的产品。 2. 结合项目管理的实际情况，就大型复杂信息系统项目的管理从以下三个方面展开论述： （1）大型复杂信息系统项目的特征； （2）大型复杂信息系统项目的计划过程； （3）大型复杂信息系统项目的实施和控制过程。 3. 请结合你所参加的大型复杂信息系统项目管理实践经验，介绍你在大型复杂信息系统项目实施过程中的实际管理过程以及采用的方法与工具

续表

时间	论文题目	论文要求
2013.05	沟通管理	1. 概要叙述你参与管理过的大型信息系统项目（项目的背景、项目规模、发起单位、目的、项目内容、组织结构、项目周期、交付的产品等），以及你在其中承担的工作。 2. 结合项目管理实际情况并围绕以下要点论述你对大型项目沟通管理的认识： （1）大型信息系统项目的特点； （2）大型信息系统项目的组织结构和项目干系人分析； （3）根据大型项目的特点，在制订沟通计划时应该考虑的内容和应遵循的步骤； （4）大型信息系统项目的沟通管理要点； （5）实施有效沟通管理的工具和方法。 3. 请结合论文中所提到的大型信息系统项目，介绍你如何对其进行沟通管理（可叙述具体做法），并总结你的心得体会
	风险管理	1. 结合你参与管理过的大型信息系统项目，概要叙述项目的背景（发起单位、目的、项目周期、交付的产品等），以及你在其中承担的工作。 2. 结合你所参与的项目，论述应如何制订大型信息系统项目风险管理计划。 3. 结合你所在组织的情况，论述在大型信息系统项目中，应如何进行风险监督控制
2013.11	质量管理	1. 概要叙述你参与的信息系统项目的背景、目的、项目周期、交付的产品、遵循的质量管理体系标准或技术规范等背景信息，以及你在其中承担的主要工作。 2. 详细论述该项目进行质量管理的过程和所实施的活动，以及采用的主要方法和工具。 3. 结合你的项目经历，从如何提升 IT 项目质量的角度阐述你的经验体会
	沟通管理	1. 简要叙述你参与管理过的信息系统项目（如项目背景、发起单位、项目目标、项目内容、组织结构、项目周期、交付的产品、设计的主要干系人等）和你在其中承担的主要工作。 2. 简要叙述沟通管理对该项目的重要性和作用。 3. 请结合项目管理理论和你在项目沟通管理中的具体工作，详细论述在项目中如何做好沟通管理
2014.05	人力资源管理	1. 概要叙述你参与管理过的信息系统项目（项目的背景、项目规模、发起单位、目的、项目内容、组织结构、项目周期、交付的产品等）和你在其中承担的工作，要求在该项目的管理中涉及到人力资源管理的相关内容。 2. 结合项目管理实际情况并围绕以下要点论述你对信息系统项目人力资源管理的认识： （1）项目人力资源管理的含义与作用； （2）项目人力资源管理包含的主要内容； （3）项目人力资源管理中用到的工具和技术。 3. 请针对论文中所提到的信息系统项目，结合你在项目人力资源管理中遇到的实际问题与解决方法，论述如何做好项目的人力资源管理

时间	论文题目	论文要求
2014.05	范围管理	1．概要叙述你参与管理过的信息系统项目（项目的背景、项目规模、发起单位、目的、项目内容、组织结构、项目周期、交付的产品等）和你在其中承担的工作。 2．结合项目管理实际情况并围绕以下要点论述你对信息系统项目范围管理的认识： （1）项目范围管理的含义与作用； （2）项目范围管理包含的主要内容； （3）项目范围管理中用到的工具和技术。 3．请针对论文中所提到的信息系统项目，结合你在项目范围管理中遇到的实际问题与解决方法，论述如何做好项目的范围管理
2014.11	论多项目的资源管理	1．简要叙述你同时管理的多个信息系统工程项目，或你所在组织中同时实施的多个信息系统工程项目的基本情况（包括多项目之间的关系，项目的背景、目的、周期、交付产品等相关信息，以及你在其中担任的主要工作等）。 2．结合你参与过的项目，论述如何进行多项目的资源管理。 3．结合实际管理中遇到的问题，简要叙述多项目资源管理的效果以及经验或教训
2014.11	进度管理	1．概要叙述你参与管理过的信息系统项目（包括项目的背景、项目规模、发起单位、目的、项目内容、组织结构、项目周期、交付的产品等）。 2．论述你对进度管理的认识，可围绕但不局限于以下要点论述。 （1）项目进度管理的基本过程； （2）进度管理与范围管理的关系。 3．请结合论文中所提到的项目，介绍你如何对其进度进行管理（可结合进度管理的工具和方法叙述具体做法），并总结你的心得体会
2015.05	风险管理	1．概要叙述你参与管理过的信息系统项目（项目的背景、项目的规模、发起单位、目的、项目内容、组织结构、项目周期、交付的产品等），并说明你在其中承担的工作。 2．结合项目管理实际情况并围绕以下要点论述你对项目风险管理的认识： （1）项目中的风险，对重点风险的分析和说明； （2）项目风险管理计划的制订和主要内容。 3．请结合论文中所提到的信息系统项目，介绍你是如何进行风险管理的（可叙述具体做法），并总结你的心得体会
2015.05	质量管理	1．概要叙述你参与管理过的信息系统项目（项目的背景、项目的规模、发起单位、目的、项目内容、组织结构、项目周期、交付的产品等），并说明你在其中承担的工作。 2．结合项目管理实际情况并围绕以下要点论述你对信息系统项目质量管理的认识： （1）项目质量管理的过程包含的主要内容； （2）项目质量管理的过程涉及到的输入和输出； （3）项目质量管理中用到的工具和技术。 3．请结合论文中所提到的信息系统项目，介绍在该项目中你是如何进行质量管理的（可叙述具体做法），并总结你的心得体会

续表

时间	论文题目	论文要求
2015.11	大项目/多项目的成本管理	1．简要说明你参与的某信息系统大项目或多项目的背景、目的、发起单位的性质、项目的技术和运行特点、项目的周期、成本管理的需求，以及你在项目中的主要工作。 2．结合你参与的大项目或多项目管理，说明你是如何进行项目成本管理的。并结合大项目或多项目管理的相关理论，说明大项目或多项目成本管理的关键、基本输入、使用的基本工具和方法。 3．根据你在大项目或多项目成本管理的实践，阐述你在大项目或多项目成本管理中的经验和教训
	采购管理	1．简述你参与的信息系统集成项目情况（项目的概况如名称、客户、项目目标、系统构成、采购特点以及你的角色）。 2．请结合你的项目采购管理经历，围绕采购计划的编制、供方选择、合同管理等内容论述你是如何灵活运用采购管理理论来管理项目采购的。 3．简要叙述在实际管理项目时，遇到的典型采购问题及其解决方法
2016.05	范围管理	1．概要叙述你参与管理过的信息系统项目（项目的背景、项目规模、发起单位、目的、项目内容、组织结构、项目周期、交付的产品等），并说明你在其中承担的工作。 2．围绕以下几点，结合项目管理实际情况论述你对项目范围管理的认识。 （1）确认项目范围对项目管理的意义； （2）项目范围管理的主要活动及相关的输入和输出； （3）项目范围管理使用的工具和技术。 3．请结合论文中所提到的信息系统项目，介绍你是如何进行范围管理的（可叙述具体做法），并总结你的心得体会
	进度管理	1．概要叙述你参与管理过的信息系统项目（项目的背景、项目规模、发起单位、目的、项目内容、组织结构、项目周期、交付的产品等），并说明你在其中承担的工作。 2．结合信息系统项目管理实际情况并围绕以下要点论述你对信息系统项目进度管理的认识。 （1）项目进度管理过程包含的主要内容； （2）项目进度管理的重要性，以及进度管理对成本管理和质量管理的影响。 3．请结合论文中所提到的项目，介绍在该项目中是如何进行进度管理的（请叙述具体做法），并总结你的心得体会
2016.11	绩效管理	1．简要说明你参与的信息系统项目的背景、目的、发起单位的性质，项目的技术和运行特点、项目的周期、绩效管理的特点，以及你在项目中的主要角色和职责。 2．结合你参与的项目，论述项目绩效管理的流程、方法、以及使用的基本工具。 3．根据你的项目绩效管理实践，说明你是如何进行项目绩效管理的，有哪些经验和教训

时间	论文题目	论文要求
2016.11	人力资源管理	1．简要说明你参与的信息系统项目的背景、目的、发起单位的性质、项目的技术和运行特点、项目的周期、人力资源需求的特点，以及你在项目中的主要角色和职责。 2．结合你参与的项目，论述项目人力资源管理的主要流程、关键的输入输出、使用的基本工具，以及相关的激励理论和团队建设理论。 3．根据你的项目人力资源管理实践，说明你是如何进行项目人力资源管理的，有哪些经验和教训
2017.05	范围管理	1．概要叙述你所参与管理过的信息系统项目（项目的背景、目标、规模、发起单位、项目内容、组织结构、项目周期、交付成果等），并说明你在其中承担的工作。 2．结合项目实际。论述你对项目范围管理的认识，可以包括但不限于以下几个方面。 （1）项目范围对项目的意义； （2）项目范围管理的主要过程、工具和技术； （3）引起项目范围变更的因素； （4）如何做好项目范围控制，防止项目范围蔓延。 3．请结合论文中所提到的信息系统项目，介绍你是如何进行范围管理的，包括具体做法和经验教训
2017.05	采购管理	1．概要叙述你参与管理过的信息系统项目（项目的背景、目标、规模、发起单位、项目内容、组织结构、项目周期、交付成果等），并说明你在其中承担的工作。 2．结合项目管理实际情况并围绕以下要点论述你对项目采购管理的认识。 （1）编制采购计划； （2）控制采购。 3．请结合论文中所提到的信息系统项目，介绍你是如何进行项目采购管理的（可叙述具体做法），并总结你的心得体会
2017.11	安全管理	1．概要叙述你参与过的或者你所在组织开展过的信息系统相关项目的基本情况（项目背景、规模、目的、项目内容、组织结构、项目周期、交付成果等），并说明你在其中承担的工作。 2．结合项目实际，论述你对项目安全管理的认识，可以包括但不限于以下几个方面。 （1）信息安全管理的主要工作内容； （2）信息安全管理工作内容、使用的工具、技术和方法等； （3）信息安全管理工作内容、使用的工具、技术和方法如何在项目管理的各方面（如人力资源管理、文档管理、沟通管理、采购管理）得到体现。 3．请结合论文中所提到的信息系统项目，介绍你是如何进行安全管理的，包括具体做法和经验教训

时间	论文题目	论文要求
2017.11	成本管理	1．概要叙述你参与管理过的信息系统项目（项目的背景、项目规模、目的、项目内容、组织结构、项目周期、交付的产品等），并说明你在其中承担的工作。 2．结合项目管理实际情况并围绕以下要点论述你对项目成本管理的认识。 （1）制定项目成本管理计划； （2）项目成本估算、项目成本预算、项目成本控制。 3．请结合论文中所提到的信息系统项目，介绍你是如何进行项目成本管理的（可叙述具体做法），并总结你的心得体会
2018.05	质量管理	1．概要叙述你参与管理过的信息系统项目（项目的背景、项目规模、发起单位、目的、项目内容、组织结构、项目周期、交付的产品等），并说明你在其中承担的工作。 2．结合项目管理实际情况并围绕以下要点论述你对信息系统项目质量管理的认识。 （1）项目质量与进度、成本、范围之间的密切关系； （2）项目质量管理的过程及其输入和输出； （3）项目质量管理中用到的工具和技术。 3．请结合论文中所提到的信息系统项目，介绍在该项目中是如何进行质量管理的（可叙述具体做法），并总结你的心得体会
	人力资源管理	1．概要叙述你参与管理过的信息系统项目（项目的背景、发起单位、主要内容、项目周期、交付的产品、实现的社会经济效益等），以及该项目在人力资源管理方面的情况。 2．结合项目管理实际情况并围绕以下要点论述你对信息系统项目人力资源管理的认识。 （1）项目人力资源管理的基本过程； （2）信息系统项目中人力资源管理方面经常会遇到的问题和所采取的解决措施。 3．结合项目实际情况说明在该项目中你是如何进行人力资源管理的（可叙述具体做法），并总结你的心得体会
2018.11	沟通管理	1．概要叙述你参与管理过的信息系统项目（项目的背景、项目规模、发起单位、目的、项目内容、组织结构、项目周期、交付的产品等），并说明你在其中承担的工作。 2．结合项目管理实际情况并围绕以下要点论述你对信息系统项目沟通管理的认识， （1）沟通渠道的类别、优缺点及其在沟通管理中的重要性； （2）项目沟通管理的过程及其输入和输出； （3）项目管理中如何灵活地应用沟通技巧和沟通方法。 3．请结合论文中所提到的信息系统项目，介绍在该项目中是如何进行沟通管理的（可叙述具体做法），并总结你的心得体会

时间	论文题目	论文要求
2018.11	风险管理	1. 概要叙述你参与管理过的信息系统项目（项目的背景、项目规模、发起单位、目的、项目内容、组织结构、项目周期、交付的产品等），并说明你在其中承担的工作。 2. 结合项目管理实际情况并围绕以下要点论述你对信息系统项目风险管理的认识。 （1）项目风险管理的基本过程； （2）信息系统项目中风险管理方面经常会遇到的问题和所采取的解决措施。 3. 结合项目实际情况说明在该项目中你是如何进行风险管理的（可叙述具体做法），并总结你的心得体会
2019.05	风险管理+安全管理	1. 概要叙述你参与管理过的信息系统项目（项目的背景、项目规模、发起单位、目的、项目内容、组织结构、项目周期、交付的成果等），并说明你在其中承担的工作。 2. 结合项目管理实际情况并围绕以下要点论述你对信息系统项目风险管理和安全管理的认识。 （1）项目风险管理和安全管理的联系与区别； （2）项目风险管理的主要过程和方法； （3）请解释适度安全、木桶效应这两个常见的安全管理中的概念，并说明安全与应用之间的关系。 3. 请结合论文中所提到的信息系统项目，介绍在该项目中是如何进行风险管理和安全管理的（可叙述具体做法），并总结你的心得体会
	人力资源+成本管理	1. 概要叙述你参与管理过的信息系统项目（项目的背景、项目规模、发起单位、目的、项目内容、组织结构、项目周期、交付的成果等），以及该项目在人力资源方面的情况。 2. 结合项目管理实际情况并围绕以下要点论述你对信息系统项目人力资源管理和成本管理的认识。 （1）项目人力资源管理的基本过程和常用方法； （2）项目人力资源管理中涉及到的成本管理问题和成本管理中涉及的人力资源管理问题； （3）信息系统发生成本超支后，如何通过人力资源管理来进行改善。 3. 结合项目实际情况说明在该项目中你是如何进行人力资源管理和成本管理的（可叙述具体做法），并总结你的心得体会
2019.11	整体管理	1. 概要叙述你参与管理过的信息系统项目（项目的背景、项目规模、发起单位、目的、项目内容、组织结构、项目周期、交付的成果等），并说明你在其中承担的工作（项目背景要求本人真实经历，不得抄袭及杜撰）。 2. 请结合你所叙述的信息系统项目，围绕以下要点论述你对信息系统项目整体管理的认识，并总结你的心得体会。 （1）项目整体管理过程； （2）项目整体变更管理过程，并结合项目管理实际情况写出一个具体变更从申请到关闭的全部过程记录

时间	论文题目	论文要求
2019.11	沟通管理（+干系人管理）	1．概要叙述你参与管理过的信息系统项目（项目的背景、项目规模、发起单位、目的、项目内容、组织结构、项目周期、交付的成果等），并说明你在其中承担的工作（项目背景要求本人真实经历，不得抄袭及杜撰）。 2．请结合你所叙述的信息系统项目，围绕以下要点论述你对信息系统项目沟通管理的认识，并总结你的心得体会。 （1）项目沟通管理的过程； （2）项目干系人管理过程，并结合项目管理实际情况制定一个具体的干系人管理计划
2020.11	成本管理	1．概要叙述你参与管理过的信息系统项目（项目的背景、项目规模、发起单位、目的、项目内容、组织结构、项目周期、交付的成果等），并说明你在其中承担的工作（项目背景要求本人真实经历，不得抄袭及杜撰）。 2．请结合你所叙述的信息系统项目，围绕以下要点论述你对信息系统项目成本管理的认识，并总结你的心得体会。 （1）项目成本管理的过程； （2）项目预算的形成过程
	采购管理	1．概要叙述你参与管理过的信息系统项目（项目的背景、项目规模、发起单位、目的、项目内容、组织结构、项目周期、交付的成果等），并说明你在其中承担的工作（项目背景要求本人真实经历，不得抄袭及杜撰）。 2．请结合你所叙述的信息系统项目，围绕以下要点论述你对信息系统项目采购管理的认识，并总结你的心得体会。 （1）项目采购管理的过程； （2）如果需要进行招投标，请阐述招投标程序
2021.05	范围管理	1．概要叙述你参与管理过的一个信息系统项目（项目的背景、项目规模、发起单位、目的、项目内容、组织结构、项目周期、交付的成果等），并说明你在其中承担的工作（项目背景要求本人真实经历，不得抄袭及杜撰）。 2．请结合你所叙述的信息系统项目，围绕以下要点论述你对信息系统项目范围管理的认识，并总结你的心得体会。 （1）项目范围管理的过程； （2）根据你所描述的项目范围，写出核心范围对应的需求跟踪矩阵。 3．请结合你所叙述的项目范围和需求跟踪矩阵，给出项目的 WBS（要求与描述项目保持一致，符合 WBS 原则，至少分解至 5 层）
	合同管理	1．概要叙述你参与管理过的信息系统项目（项目的背景、项目规模、发起单位、目的、项目内容、组织结构、项目周期、交付的成果等），并说明你在其中承担的工作（项目背景要求本人真实经历，不得抄袭及杜撰）。 2．请结合你所叙述的信息系统项目，围绕以下要点论述你对信息系统项目合同管理的认识，并总结你的心得体会。 （1）项目合同管理的过程； （2）在有监理参与的情况下，结合项目管理实际写出详细的合同索赔流程。 3．请结合你所叙述的信息系统项目，编制一份对应的项目合同（列出主要的条款内容）

时间	论文题目	论文要求
2021.11	招投标管理	招投标管理是应用技术经济的方法和市场经济的竞争作用，有组织开展的一种择优成交的方式。 请以"论信息系统项目的招投标管理"为题进行论述： 1．概要叙述你参与管理过的一个信息系统项目（项目的背景、项目规模、发起单位、目的、项目内容、组织结构、项目周期、交付的成果等），并说明你在其中承担的工作、（项目背景要求本人真实经历，不得抄袭及杜撰）。 2．请结合你所叙述的信息系统项目，围绕以下要点论述你对信息系统项目招投标管理的认识，并总结你的心得体会。 （1）项目招投标管理的过程； （2）根据你所描述的项目，编制一份招标文件中的评分表。 3．请结合你所叙述的项目招投标管理和投标文件，写出从投标文件编写到投标过程中的注意事项
	进度管理	项目进度管理是在项目实施过程中，对各阶段的进展程度和最终完成期限进行管理。其目的是保证项目能在满足时间约束条件的前提下实现其总体目标。 请以"论信息系统项目的进度管理"为题进行论述： 1．概要叙述你参与管理过程的信息系统项目（项目背景、项目规模、发起单位、目的、项目内容、组织结构、项目周期、交付的成果等），并说明你在其中承担的工作（项目背景要求本人真实经历，不得抄袭及杜撰）。 2．请结合你所叙述的信息系统项目，围绕以下要点论述你对信息系统项目进度管理的认识，并总结你的心得体会。 （1）项目进度管理的过程； （2）如果在进度管理过程发生进度延迟，请结合实践给出处理办法。 3．请结合你所叙述的信息系统项目，用甘特图编制一份对应的项目进度计划
2022.05	干系人管理	项目干系人管理是对项目干系人需求、希望和期望的识别，并通过沟通上的管理来满足其需要、解决问题的过程。 请以"论信息系统项目的干系人管理"为题进行论述： 1．概要叙述你参与管理过的信息系统项目（项目的背景、项目规模、发起单位、目的、项目内容、组织结构、项目周期、交付的成果等），并说明你在其中承担的工作（项目背景要求本人真实经历，不得抄袭及杜撰）。 2．请结合你所叙述的信息系统项目，围绕以下要点论述你对信息系统项目干系人管理的认识： （1）项目干系人管理的过程； （2）请根据你所描述的项目，说明干系人管理和沟通管理、需求管理的联系与区别； （3）请根据你所描述的项目，写出项目中所涉及的所有干系人，并按照权利/利益方格进行分析，给出具体干系人的管理策略。 3．请结合你所参与管理过的信息系统项目，论述你进行项目干系人管理的具体做法，并总结心得体会

综合以上，历年论文都强调了知识域的管理过程，因此需要掌握论文相关的理论知识。

1.2　项目整体管理论文重要知识点

1.2.1　项目整体管理的内容

项目整体管理知识领域包括识别、确定、结合、统一与协调各项目管理过程组内不同过程与项目管理活动所需进行的各种过程和活动。它兼有统一、合并、结合各方面特征，在各个过程相互影响并作用之时，在项目管理中发挥明显的重要作用。其基本任务就是为了按照实施组织确定的程序实现项目目标，将项目管理过程组中需要的各个过程有效地形成整体。

1.2.2　项目整体管理过程的输入、工具与技术、输出

项目整体管理包括六个过程。

- 制定项目章程：是核准项目或多阶段项目的阶段。制定项目章程是制定一份正式批准项目或阶段的文件；并记录能反映干系人需要和期望的初步要求的过程。它在项目执行组织与发起组织（或客户，如果是外部项目的话）之间建立起伙伴关系。项目章程的批准，标志着项目的正式启动。
- 制订项目管理计划：是确定、编制所有部分计划并将其综合和协调为项目管理计划所必需的过程。项目管理计划是有关项目如何计划、执行、监控及结束的基本信息来源。
- 指导与管理项目执行：要求项目经理和项目团队采取多种行动执行项目管理计划，完成项目范围说明书中明确的工作。
- 监控项目工作：是监视和控制启动、规划、执行和结束项目所需的各个过程。采取纠正或预防措施控制项目的实施效果。监视是贯穿项目始终的项目管理活动之一。
- 实施整体变更控制：贯穿于项目的始终。由于项目很少会准确地按照项目管理计划进行，因而变更控制必不可少。
- 结束项目或阶段：是完结所有项目管理过程组的所有活动，以正式结束项目或阶段的过程。本过程的主要作用是，总结经验教训，正式结束项目工作，为开展新工作而释放组织资源。

启动过程组——制订项目章程；计划过程组——制订项目管理计划；执行过程组——指导与管理项目执行；监控过程组有两个过程——监控项目工作、实施整体变更控制；收尾过程组——结束项目或阶段。项目整体管理的输入、工具与技术、输出见表 1-2-1。

表 1-2-1　项目整体管理过程的输入、工具与技术、输出

过程名	输　入	工具与技术	输　出
制订项目章程	1. 项目工作说明书 2. 商业论证	1. 专家判断 2. 引导技术	项目章程

过程名	输　　入	工具与技术	输　　出
制订项目章程	3. 协议 4. 事业环境因素 5. 组织过程资产		
制订项目管理计划	1. 项目章程 2. 其他过程的输出 3. 事业环境因素 4. 组织过程资产	1. 专家判断 2. 引导技术	项目管理计划
指导与管理项目执行	1. 项目管理计划 2. 批准的变更请求 3. 事业环境因素 4. 组织过程资产	1. 专家判断 2. 项目管理信息系统 3. 会议	1. 可交付成果 2. 工作绩效数据 3. 变更请求 4. 项目管理计划更新 5. 项目文件更新
监控项目工作	1. 项目管理计划 2. 进度预测 3. 成本预测 4. 确认的变更 5. 工作绩效信息 6. 事业环境因素 7. 组织过程资产	1. 专家判断 2. 分析技术 3. 项目管理信息系统 4. 会议	1. 变更请求 2. 工作绩效报告 3. 项目管理计划更新 4. 项目文件更新
实施整体变更控制	1. 项目管理计划 2. 工作绩效报告 3. 变更请求 4. 事业环境因素 5. 组织过程资产	1. 专家判断 2. 会议 3. 变更控制工具	1. 批准的变更请求 2. 变更日志 3. 项目管理计划更新 4. 项目文件更新
结束项目或阶段	1. 项目管理计划 2. 验收的可交付成果 3. 组织过程资产	1. 专家判断 2. 分析技术 3. 会议	1. 最终产品、服务或成果移交 2. 组织过程资产更新

1.2.3　项目章程

项目章程是正式批准项目的文件，它的批准标志着项目的正式启动。由于项目章程要正式授权项目经理使用组织的资源开展项目活动，所以，项目经理最好是在制定项目章程之时就确定下来。

（1）项目由项目以外的人员批准，如发起人、项目管理办公室或项目组合指导委员会。项目章程经启动者签字，即标志着项目获得批准。

（2）项目章程的内容主要包括以下几方面：

● 项目目的或批准项目的原因。

● 可测量的项目目标和相关的成功标准。

● 项目的总体要求。

● 概括性的项目描述。

- 项目的主要风险。
- 总体里程碑进度计划。
- 总体预算。
- 项目审批要求（用什么标准评价项目成功，由谁对项目成功下结论，由谁来签署项目结束）。
- 委派的项目经理及其职责和职权。
- 发起人或其他批准项目章程人员的姓名和职权。

（3）项目章程模板见表 1-2-2。

表 1-2-2　项目章程模板

项目经理：	项目代号：
根据需求情况对项目进行描述，并对项目的可行性、重要性进行技术与分析	
项目目标	
总目标	概述项目的总体目标
分目标	列出支持项目总体目标的分目标
项目范围概述	
主要项目范围	
主要可交付成果	
项目总体进度计划	
项目开始时间	
项目结束时间	
主要里程碑	
项目总体预算（现阶段不做要求）	
理出项目的总体预算	
各职能部门应提供的配合	
列出各职能部门应给予项目何种配合	
项目审指要求	
列出在项目的规划、执行、监控和收尾过程，应该由谁做出哪些审批	
项目批准	
拟制：项目经理拟制　　审核：洪总审核　　批准：崔总批准	

1.2.4　项目管理计划

项目管理计划一般包括项目范围管理计划、进度管理计划、成本管理计划、质量管理计划、过程改进计划、人员配备管理计划、沟通管理计划、风险管理计划、采购管理计划等分计划。项目管理计划详略均可，可由一个或多个部分计划，以及其他事项组成。每一个分计划和其他组成部分的详细程度都要满足具体项目的需要。其他组成部分可以包括里程碑清单、资源日历、进度基准、成本基准、质量基准、风险登记册等内容。

项目管理计划是其他各子计划制订的依据和基础，它从整体上指导项目工作的有序进行。它是项目的主计划，或称为总体计划，确定了执行、监控和结束项目的方式和方法，由于项目初期各方面信息不是很明朗，制订的时候切记不能一步到位。项目管理计划记录了计划过程组的各个计划子过程的全部成果，主要包括以下方面：

- 项目管理团队选择的各个项目管理过程。
- 每一选定过程的实施水平。对实施这些过程时使用的工具与技术所做的说明。
- 在管理具体项目中使用选定过程的方式和方法，包括过程之间的依赖关系和相互作用，以及重要的依据和成果。
- 为了实现项目目标所执行工作的方式、方法。
- 监控变更的方式、方法。
- 实施配置管理的方式、方法。
- 使用实施效果测量基准并使之保持完整的方式、方法。
- 项目干系人之间的沟通需要与技术。
- 选定的项目生命周期和多阶段项目的项目阶段。
- 高层管理人员为了加快解决未解决的问题和处理未做出的决策，对内容、范围和时间安排的关键审查。

1.2.5　变更请求

变更请求是关于修改任何文档、可交付成果或基准的正式提议，可能包括以下措施：

（1）纠正措施：为使项目工作绩效重新与项目管理计划一致而进行的有目的的活动。

（2）预防措施：为确保项目工作的未来绩效符合项目管理计划而进行的有目的的活动。

（3）缺陷补救：为了修正不一致的产品或产品组件而进行的有目的的活动。

（4）更新：对正式受控的项目文件或计划等进行的变更，以反映修改或增加的意见或内容。

指导与管理项目执行还要求实行以下措施：

（1）批准的纠正措施：使项目实施的预期结果始终符合项目管理计划的要求。

（2）批准的预防措施：降低潜在的消极后果发生的可能性。

（3）批准的缺陷补救请求：纠正质检过程发现的产品缺陷。

1.2.6　批准的变更请求

批准的变更请求是实施整体变更控制过程的输出，包括那些经变更控制委员会审查和批准的变更请求。批准的变更请求可能是纠正措施、预防措施或缺陷补救。项目经理、变更控制委员会或指定的团队成员应根据变更控制系统处理变更请求。批准的变更请求应通过指导与管理项目工作过程加以实施。

1.2.7　确认的变更请求

批准的变更是实施整体变更控制过程的结果，需要对它们的执行情况进行确认，以保证它们都得到正确的落实。确认的变更用数据说明变更已得到正确落实。

1.2.8　变更日志

变更日志用来记录项目过程中出现的变更。应该与相关的干系人沟通这些变更及其对项目时间、成本和风险的影响。被否决的变更请求也应该记录在变更日志中，其模板见表 1-2-3。

表 1-2-3　变更日志模板

工程名称		图纸编号	
工程部分			

变更原因、变更内容及草图：

技术负责人：　　　　　提出单位（公章）

年　　月　　日

监理单位审查意见：

技术负责人：　　　　　提出单位（公章）

年　　月　　日

建设单位审查意见：

技术负责人：　　　提出单位（公章）

年　　月　　日

设计单位审查意见：

技术负责人：　　　提出单位（公章）

年　　月　　日

1.2.9　工作绩效数据

工作绩效数据是在执行项目工作的过程中，从每个正在执行的活动中收集到的原始观察结果和测量值。数据是指最底层的细节，将由其他过程从中提炼出项目信息。在工作执行过程中收集数据，再交由各控制过程做进一步分析。工作绩效数据包括但不限于以下项目：

（1）表明进度绩效的状态信息。

（2）已经完成与尚未完成的可交付成果。

（3）已经开始与已经完成的计划活动。

（4）质量标准满足的程度。

（5）批准与已经开销的费用。

（6）对完成已经开始的计划活动的估算。

（7）绩效过程中的计划活动实际完成百分比。

（8）吸取并已记录且转入经验教训知识库的教训。

（9）资源利用的细节。

1.2.10　工作绩效信息

工作绩效信息是从各控制过程中收集并结合相关背景和跨领域关系，进行整合分析而得到的绩效数据。这样，工作绩效数据就转化为工作绩效信息。绩效信息可包括可交付成果的状态、变更请求的落实情况及预测的完工尚需估算。

1.2.11 工作绩效报告

工作绩效报告是为制订决策、采取行动或引起关注而汇编工作绩效信息所形成的实物或电子项目文件。工作绩效报告包含一系列的项目文件，旨在引起关注，并制订决策或采取行动。可以在项目开始时就规定具体的项目绩效指标，并在正常工作绩效报告中向关键干系人报告这些指标的落实情况。工作绩效报告包括状况报告、备忘录、论证报告、信息札记、推荐意见和情况更新。

工作绩效报告模板见表 1-2-4。

表 1-2-4　工作绩效报告模板

（一）部门预算绩效评价工作组机构及有关专家等人员构成	评价组机构职位	姓名	职务/职称	所属单位/处室
	组长	李××	电教中心主任	电教中心
	副组长	李××	办公室主任	办公室
	组员	李××	电教中心人员	电教中心
	组员	傅××	办公室财务	办公室
	组员	张×	办公室财务	办公室
（二）绩效自评的目的	通过绩效评价，评价整体财政支出预算资金安排的科学性、合理性和资金使用的合规合法性及其成效，及时总结管理经验，完善内部管理办法，提高部门管理水平和资金的使用效益，并为确定以后年度的支出预算提供依据			
（三）自评组织过程	1．前期准备情况	1．成立由省委省机关工委领导为组长的机关财政支出绩效自评领导小组，负责绩效自评的领导管理工作。 2．领导小组下设办公室，负责财政支出绩效自评工作的具体组织、协调工作。 3．商谈会计师事务所现场指导财政支出绩效自评具体工作		
	2．组织实施情况	1．由相关业务处室负责，实施前期调研工作，充分了解评价资金的有关情况。 2．由相关业务处室负责，收集查阅与评价项目有关的政策及相关资料。 3．由相关业务处室负责，根据了解到的情况和收集到的资料，并结合实际情况，制订符合实际的评价指标体系和自评方案。 4．实施评价： （1）业务处室人员在财务人员的全力配合下，根据自评方案对所掌握的有关资料进行分类、整理和分析。 （2）根据部门预期绩效目标设定的情况，审查有关对应的业务资料。根据部门预算安排情况，审查有关对应的收支财务资料。 （3）根据业务资料、财务资料，按照自评方案对履职效益或质量做出评判。 （4）对照评价指标体系与标准，通过分析相关评价资料，对部门整体绩效情况进行综合性评判并利用算术平均法计算打分。 （5）形成评价结论并撰写自评报告		
报告填写人	傅××	评价工作负责人	李××	

1.2.12　验收的可交付成果

验收的可交付成果可能包括批准的产品规范、交货收据和工作绩效报告。在分阶段实施的项目或被取消的项目中，可能会包括未全部完成的可交付成果或中间可交付成果。

1.2.13　最终产品、服务或成果移交

正式验收与移交授权项目提交的最终产品、服务或成果。验收包括收到正式说明书，说明已经满足了合同条款的要求（在阶段收尾时，则是移交该阶段所产出的中间产品、服务或成果）。

1.3　项目范围管理论文重要知识点

1.3.1　项目范围管理的内容

项目范围管理就是要做范围内的事，而且只做范围内的事，既不少做也不多做。如果少做，会影响项目既定功能的实现；如果多做，又会造成资源浪费。具体来说，项目范围管理需要做以下三个方面的工作：

（1）明确项目边界。即明确哪些工作是包括在项目范围之内的，哪些工作是不包括在项目范围之内的。

（2）对项目执行工作进行监控。确保所有该做的工作都做了，而且没有多做。对不包括在项目范围内的额外工作说"不"，拒绝做额外工作。

（3）防止项目范围发生蔓延。范围蔓延是指未对时间、成本和资源做相应调整，未经控制的产品或项目范围的扩大。

项目范围管理包括六个过程。

● 规划范围管理：是编制范围管理计划，书面描述将如何定义、确认和控制项目范围的过程，其主要作用是在整个项目中对如何管理范围提供指南和方向。

● 收集需求：是为实现项目目标而确定、记录并管理干系人的需要和需求的过程，其作用是为定义和管理项目范围（包括产品范围）奠定基础。

● 定义范围：是制定项目和产品详细描述的过程，其主要作用是明确所收集的需求哪些将包含在项目范围内，哪些将排除在项目范围外，从而明确产品、服务或成果的边界。

● 创建 WBS：是将项目可交付成果和项目工作分解成较小的、更易于管理的组件的过程，其主要作用是对所要交付的内容提供一个结构化的视图。

● 确认范围：是正式验收项目已完成的可交付成果的过程，其主要作用是使验收过程具有客观性，同时，通过验收每个可交付成果，提高最终产品、服务或成果获得验收的可能性。

● 控制范围：是监督项目和产品的范围状态、管理范围基准变更的过程，其主要作用是在整个项目期间保持对范围基准的维护。

1.3.2　范围管理过程的输入、工具与技术、输出

项目范围管理的六个过程，属于计划过程组的有四个过程——规划范围管理、收集需求、定义范围、创建 WBS；属于监控过程组的有两个过程——确认范围、控制范围。项目范围管理过程的输入、工具与技术、输出见表 1-3-1。

表 1-3-1　项目范围管理过程的输入、工具与技术、输出

过程名	输　　入	工具与技术	输　　出
规划范围管理	1. 项目管理计划 2. 项目章程 3. 事业环境因素 4. 组织过程资产	1. 专家判断 2. 会议	1. 范围管理计划 2. 需求管理计划
收集需求	1. 范围管理计划 2. 需求管理计划 3. 干系人管理计划 4. 项目章程 5. 干系人登记册	1. 访谈 2. 焦点小组 3. 引导式研讨会 4. 群体创新技术 5. 群体决策技术 6. 问卷调查 7. 观察 8. 原型法 9. 标杆对照 10. 系统交互图 11. 文件分析	1. 需求文件 2. 需求跟踪矩阵
定义范围	1. 范围管理计划 2. 项目章程 3. 需求文件 4. 组织过程资产	1. 专家判断 2. 产品分析 3. 备选方案生成 4. 引导式研讨会	1. 项目范围说明书 2. 项目文件更新
创建 WBS	1. 范围管理计划 2. 项目范围说明书 3. 需求文件 4. 事业环境因素 5. 组织过程资产	1. 分解 2. 专家判断	1. 范围基准 2. 项目文件更新
确认范围	1. 项目管理计划 2. 需求文件 3. 需求跟踪矩阵 4. 确认的可交付成果 5. 工作绩效数据	1. 检查 2. 群体决策技术	1. 验收的可交付成果 2. 变更请求 3. 工作绩效信息 4. 项目文件更新

过程名	输　　入	工具与技术	输　　出
控制范围	1. 项目管理计划 2. 需求文件 3. 需求跟踪矩阵 4. 工作绩效数据 5. 组织过程资产	偏差分析	1. 工作绩效信息 2. 变更请求 3. 项目管理计划更新 4. 项目文件更新 5. 组织过程资产更新

1.3.3　范围管理计划

范围管理计划是项目或项目集管理计划的组成部分，描述将如何定义、制订、监督、控制和确认项目范围。主要内容包括以下五个方面：

（1）如何制订项目范围说明书。

（2）如何根据范围说明书创建 WBS。

（3）如何维护和批准 WBS。

（4）如何确认和正式验收已完成的项目可交付成果。

（5）如何处理项目范围说明书的变更，该工作与实施整体变更控制过程直接相连。

1.3.4　需求管理计划

需求管理计划描述在整个项目生命周期内如何分析、记录和管理需求。它是对项目的需求进行定义、确定、记载、核实管理和控制的行动指南。其主要内容包括以下七个方面：

（1）如何规划、跟踪和汇报各种需求活动。

（2）需求管理需要使用的资源。

（3）培训计划。

（4）项目干系人参与需求管理的策略。

（5）判断项目范围与需求不一致的准则和纠正规程。

（6）需求跟踪结构，即哪些需求属性将列入跟踪矩阵，并可在其他哪些项目文件中追踪到这些需求。

（7）配置管理活动。

1.3.5　需求文件

需求文件描述各种单一的需求将如何满足与项目相关的业务需求。其内容包括（但不限于以下几个方面）：业务需求、干系人需求、解决方案需求、项目需求、过渡需求，与需求有关的假设条件、依赖关系和制约因素。

需求文件模板见表 1-3-2。

表 1-3-2 需求文件模板

一、客户基本信息			
公司名称（全称）			
地址			
接洽人信息	姓名：	职位：	联系电话：
公司主营项目			
公司其他重要资质			
二、需求信息			
界面要求			
功能要求			
互动功能			
其他特殊需求			
补充说明			

1.3.6 需求跟踪矩阵

表示需求和其他产品元素之间的联系链的最普遍方式是使用需求跟踪（能力）矩阵，将产品需求从其来源连接到能满足需求的可交付成果的一种表格。需求跟踪的内容包括：业务需求、机会、目的和目标、项目目标、项目范围（WBS 可交付成果）、产品设计、产品开发、测试策略和测试场景、高层级需求到详细需求。例如，从用户原始需求到需求文件之间的跟踪，可以采用表 1-3-3 所示的矩阵。

表 1-3-3 用户原始需求到需求文件的跟踪矩阵示例

原始需求 ＼ 用例	UC-1	UC-2	UC-3	⋯⋯	UC-n
FR-1					
FR-2					
⋯⋯					
FR-m					

对于从需求文件到下游工作产品之间的跟踪，可以采用表 1-3-4 所示的矩阵。

表 1-3-4　需求文件到下游工作产品的跟踪矩阵示例

用例 ＼ 元素	功能点	设计元素	组件	测试用例
UC-1				
UC-2				
……				
UC-n				

1.3.7　项目范围说明书

项目范围说明书是对项目范围、主要可交付成果、假设条件和制约因素的描述。记录了整个范围，包括项目范围和产品范围，详细描述项目的可交付成果，以及为提交这些可交付成果而必须开展的工作。决定项目管理团队控制整个项目范围的有效程度。

项目范围说明书的内容包括：产品范围描述、验收标准、可交付成果、项目的除外责任、制约因素、假设条件。

项目范围说明书的主要作用：确定范围、沟通基础、规划和控制依据、变更基础、规划基础。

1.3.8　范围基准

范围基准是经过批准的项目范围说明书、WBS 和 WBS 词典。只有通过正式变更控制程序才能进行变更基准，它被用作比较的基础，是范围确认和范围控制的依据。它包括：①项目范围说明书：项目范围说明书是对项目范围、主要可交付成果、假设条件和制约因素的描述；②WBS：WBS 是对项目团队为实现项目目标、创建所需可交付成果而需要实施的全部工作范围的层级分解；③WBS 词典：WBS 词典是针对每个 WBS 组件，详细描述可交付成果、活动和进度信息的文件，WBS 词典对 WBS 提供支持。

WBS 树形结构分解图如图 1-3-1 所示。

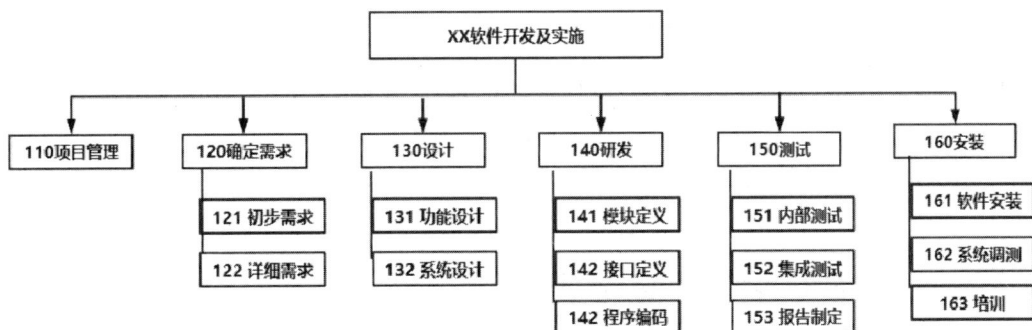

图 1-3-1　WBS 树形结构分解图

WBS 分解表见表 1-3-5。

表 1-3-5　WBS 分解表

WBS 编码	工作任务	工期	负责人
1	硬件采购	2 个月	何波
2	第三方软件采购	2 个月	邓方
3	系统功能确定	5 个月	张杰
3.1	设备管理	1 个月	阳波
3.2	维护管理	1 个月	刘顺东
3.3	工单管理	1 个月	谢後
3.3.1	模块设计	5 天	段玉
3.3.2	代码编制	5 天	习三平
3.3.3	单元测试	10 天	刘春利
3.3.4	功能测试	5 天	汪海洋
3.3.5	验证测试	5 天	钱小小
3.4	采购管理	1 个月	赵云
3.5	库存管理	1 个月	曲东清
4	系统接口	1 个月	吴越
5	现场实施	1 个月	张良

1.3.9　验收的可交付成果

符合验收标准的并由客户或发起人以书面形式正式签字批准的已完成的阶段或最终可交付成果。验收的可交付成果可能包括批准的产品规范、交货收据和工作绩效文件。在分阶段实施的项目或被取消的项目中，可能会包括未全部完成的可交付成果或中间可交付成果。在范围确认过程中，没有被客户接受的交付物也应当记录下来，同时还要记录未被客户接受的原因。

1.3.10　确认范围阶段的变更请求

对已经完成但未通过正式验收的可交付成果，可能需要针对这些可交付成果进行缺陷补救而提出变更请求。或者针对范围绩效的分析，可能导致对范围基准或项目管理计划其他组成部分提出变更请求，包括预防措施、纠正措施、缺陷补救或改善请求。变更请求需要经实施整体变更控制过程的审查和处理。

1.3.11　确认范围阶段的工作绩效信息

确认范围阶段的工作绩效信息包括项目进展信息，例如，哪些可交付成果已经开始实施，它们的进展如何，哪些可交付成果已经完成，或者哪些已经被验收。

　　控制范围阶段的工作绩效信息是有关项目范围实施情况（对照范围基准）的、相互关联且与各种背景相结合的信息，包括收到的变更的分类、识别的范围偏差和原因、偏差对进度和成本的影响，以及对将来范围绩效的预测，这些信息是制定范围决策的基础。

1.4　项目进度管理论文重要知识点

1.4.1　项目进度管理的内容

　　项目进度管理是指在项目实施过程中，对各阶段的进展程度和项目最终完成的期限所进行的管理，是在规定的时间内，拟定出合理且经济的进度计划（包括多级管理的子计划），在执行该计划过程中，经常要检查实际进度是否按计划要求进行，若出现偏差，便要及时找出原因，采取必要的补救措施或调整、修改原计划，直至项目完成。其目的是保证项目能在满足其时间约束条件的前提下实现其总体目标。

　　项目进度管理包括七个管理过程。

- 规划进度管理：为规划、编制、管理、执行和控制项目进度而制订政策、程序和文档的过程。主要作用是如何在整个项目过程中为管理、执行和控制项目进度提供指南和方向。
- 定义活动：识别和记录为完成项目可交付成果而需采取的具体行动的过程。主要作用是将工作包分解为活动，作为对项目工作进行估算、进度规划、执行、监督和控制的基础。
- 排列活动顺序：识别和记录项目活动之间的关系的过程。主要作用是定义工作之间的逻辑顺序，以便在既定的所有项目制约因素下获得最高的效率。
- 估算活动资源：估算执行各项活动所需材料、人员、设备或用品的种类和数量的过程。主要作用是明确完成活动所需的资源种类、数量和特性，以便做出更准确的成本和持续时间估算。估算活动资源过程与估算成本过程紧密相关。
- 估算活动持续时间：根据资源估算的结果，估算完成单项活动所需工期的过程。主要作用是确定完成每个活动所需花费的时间量，为制订进度计划过程提供主要输入。
- 制订进度计划：分析活动顺序、持续时间、资源需求和进度制约因素，创建项目进度模型的过程。主要作用是把活动、持续时间、资源、资源可用性和逻辑关系代入进度规划工具，从而形成包含各个项目活动的计划日期的进度模型。
- 控制进度：监督项目活动状态、更新项目进展、管理进度基准变更，以实现计划的过程。主要作用是提供发现计划偏离的方法，从而可以及时采取纠正和预防措施，以降低风险。

1.4.2　项目进度管理过程的输入、工具与技术、输出

项目进度管理过程的输入、工具与技术、输出见表 1-4-1。

表 1-4-1　项目进度管理过程的输入、工具与技术、输出

过程名	输　入	工具与技术	输　出
规划进度管理	1．项目管理计划 2．项目章程 3．组织过程资产 4．事业环境因素	1．专家判断 2．分析技术 3．会议	项目进度管理计划
定义活动	1．项目管理计划 2．范围基准 3．组织过程资产 4．事业环境因素	1．分解 2．专家判断 3．滚动式规划	1．活动清单 2．活动属性 3．里程碑清单
排列活动顺序	1．进度管理计划 2．活动清单 3．活动属性 4．里程碑清单 5．项目范围说明书 6．事业环境因素	1．确定依赖关系 2．前导图法 3．箭线图法 4．提前量与滞后量	1．项目进度网络图 2．项目文件更新
估算活动资源	1．进度管理计划 2．活动清单 3．活动属性 4．资源日历 5．风险登记册 6．活动成本估算 7．事业环境因素 8．组织过程资产	1．专家判断 2．备选方案选择 3．发布的估算数据 4．自下而上估算 5．项目管理软件	1．活动资源需求 2．资源分解结构 3．项目文件更新
估算活动持续时间	1．进度管理计划 2．活动清单 3．活动属性 4．活动资源需求 5．资源日历 6．项目范围说明书 7．风险登记册 8．资源分解结构 9．事业环境因素 10．组织过程资产	1．专家判断 2．类比估算 3．参数估算 4．三点估算 5．群体决策技术 6．储备分析	1．活动持续时间估算 2．项目文件更新
制订进度计划	1．进度管理计划 2．活动清单 3．活动属性 4．项目进度网络图	1．关键路径法 2．关键链法 3．资源优化技术 4．进度压缩	1．进度基准 2．项目进度计划 3．进度数据 4．项目日历

过程名	输　入	工具与技术	输　出
制订进度计划	5．活动资源需求 6．资源日历 7．活动持续时间估算 8．项目范围说明书 9．风险登记册 10．项目人员分派 11．资源分解结构 12．事业环境因素 13．组织过程资产	5．计划评审技术	5．项目管理计划更新 6．项目文件更新
控制进度	1．项目管理计划 2．进度管理计划 3．工作绩效数据 4．项目日历 5．进度数据 6．组织过程资产	1．绩效审查 2．项目管理软件 3．资源优化技术 4．建模技术 5．提前量与滞后量 6．进度压缩 7．进度计划编制工具	1．工作绩效信息 2．进度预测 3．变更请求 4．项目管理计划更新 5．项目文件更新 6．组织过程资产更新

1.4.3　项目进度管理计划

项目进度管理计划是项目管理计划的组成部分，为编制、监督和控制项目进度建立准则和明确活动。根据项目需要，进度管理计划可以是正式或非正式的，非常详细或高度概括的。其主要内容包括以下几个方面：

（1）项目进度模型制订。

（2）准确度。

（3）计量单位。

（4）组织程序链接。

（5）项目进度模型维护。

（6）控制临界值。

（7）绩效测量规则。

（8）报告格式。

（9）过程描述。

1.4.4　活动清单

活动清单是一份包含项目所需的全部活动的综合清单。创建 WBS 过程已经识别出 WBS 中最底层的可交付成果，即工作包。为了更好地规划项目，工作包通常还应进一步细分为更小的组成部分，即"活动"。活动就是为完成工作包所需进行的工作，是实施项目时安排工作的最基本的工作单元。活动与工作包是一对一或多对一的关系，即有可能多个活动完成一个工作包，如图1-4-1 所示。

活动ID	名称	历时	描述	负责人	成果
1					
2					
3					
4					
5					
6					
7					
8					

活动清单

活动属性
活动标志：
活动编号：
活动名称：
先行活动：
后续活动：
逻辑关系：
提前或滞后：
资源要求：
强制日期：
制约因素：
假设条件：
执行人：

■**活动清单**是一份包含项目所需的全部进度活动的清单。活动清单中应该包括每个活动的标志和足够详细的工作描述，使项目团队成员知道应当完成哪些工作。
■**活动属性**是指每项活动所具有的多重属性，用来扩充对活动的描述。活动属性的数量因应用领域而异。

图 1-4-1　活动与工作包的对应关系

1.4.5　活动属性

在项目初始阶段，活动属性包括活动标识、WBS 标识和活动标签或名称；在活动属性编制完成时，可能还包括活动编码、活动描述、紧前活动、紧后活动、逻辑关系、提前量与滞后量、资源需求、强制日期、制约因素和假设条件。

1.4.6　里程碑清单

里程碑是项目中的重要时点或事件。里程碑是项目生命周期中的一个时刻，里程碑的持续时间为零，里程碑既不消耗资源也不花费成本，通常是指一个主要可交付成果的完成。在确定项目的里程碑时，可以使用"头脑风暴法"。

1.4.7　项目进度网络图

项目进度网络图是表示项目活动之间的逻辑关系（也叫依赖关系）的图形，前导图法和箭线图法是绘制项目进度网络图的两种不同方法。进度网络图可包括项目的全部细节，也可只列出一项或多项概括性的活动。项目进度网络图应附有简要文字描述，说明活动排序所使用的基本方法。在文字描述中，还应该对任何异常的活动序列做详细说明。

（1）前导图法。前导图法也称紧前关系绘图法，是用于编制项目进度网络图的一种方法，它使用方框或者长方形（被称作节点）代表活动，节点之间用箭头连接，以显示节点之间的逻辑关系。这种网络图也被称作单代号网络图（只有节点需要编号）或活动节点图（AON）。具体如图 1-4-2 所示。

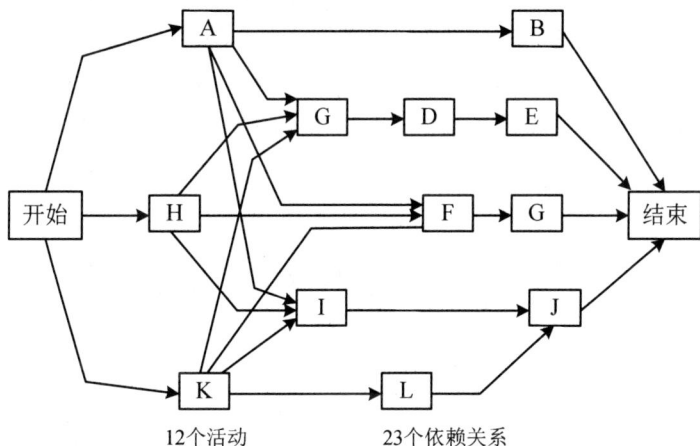

12个活动   23个依赖关系

图 1-4-2　前导图

前导图法包括活动之间存在的四种类型的依赖关系。

1）结束-开始的关系（F-S 型）。前序活动结束后，后续活动才能开始。结束-开始的关系如图 1-4-3 所示。

2）结束-结束的关系（F-F 型）。前序活动结束后，后续活动才能结束。结束-结束的关系如图 1-4-4 所示。

图 1-4-3　结束-开始的关系

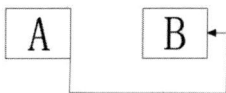

图 1-4-4　结束-结束的关系

3）开始-开始的关系（S-S 型）。前序活动开始后，后续活动才能开始。开始-开始的关系如图 1-4-5 所示。

4）开始-结束的关系（S-F 型）。前序活动开始后，后续活动才能结束。开始-结束的关系如图 1-4-6 所示。

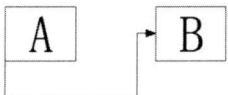

图 1-4-5　开始-开始的关系

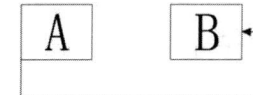

图 1-4-6　开始-结束的关系

在前导图法中，每项活动有唯一的活动号，每项活动都注明了预计工期（活动的持续时间）。通常，每个节点的活动会有如下几个时间：

1）最早开始时间（ES）。某项活动能够开始的最早时间。

2）最早结束时间（EF）。某项活动能够完成的最早时间。EF=ES+工期。

3）最迟结束时间（LF）。为了使项目按时完成，某项活动必须完成的最迟时间。

4）最迟开始时间（LS）。为了使项目按时完成，某项活动必须开始的最迟时间。LS=LF-工期。

（2）箭线图法。箭线图法是用箭线表示活动，节点表示事件的一种网络图绘制方法，这种网络图也被称作双代号网络图（节点和箭线都要编号）或活动箭线图（AOA）。具体如图 1-4-7 所示。

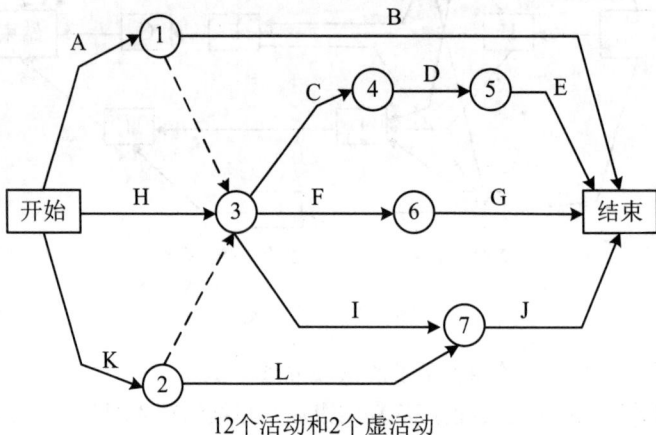

图 1-4-7　箭线图

在箭线图法中，活动的开始（箭尾）事件叫作该活动的紧前事件，活动的结束（箭头）事件叫该活动的紧后事件。在箭线图法中，有如下三个基本原则：

1）网络图中每一活动和每一事件都必须有唯一的代号，即网络图中不会有相同的代号。

2）任两项活动的紧前事件和紧后事件代号至少有一个不相同，节点代号沿箭线方向越来越大。

3）流入同一节点的活动，均有共同的紧后活动；流出同一节点的活动，均有共同的紧前活动。

1.4.8　活动资源需求

活动资源需求明确了工作包中每个活动所需的资源类型和数量。然后，把这些需求汇总成每个工作包和每个工作时段的资源估算。在每个活动的资源需求文件中，都应说明每种资源的估算依据，以及为确定资源类型、可用性和所需数量所做的假设。

1.4.9　资源分解结构

资源分解结构是资源依类别和类型的层级展现。资源类别包括人力、材料、设备和用品。资源类型包括技能水平、等级水平或适用于项目的其他类型。资源分解结构有助于结合资源使用情况，组织与报告项目的进度数据。资源分解结构如图 1-4-8 所示。

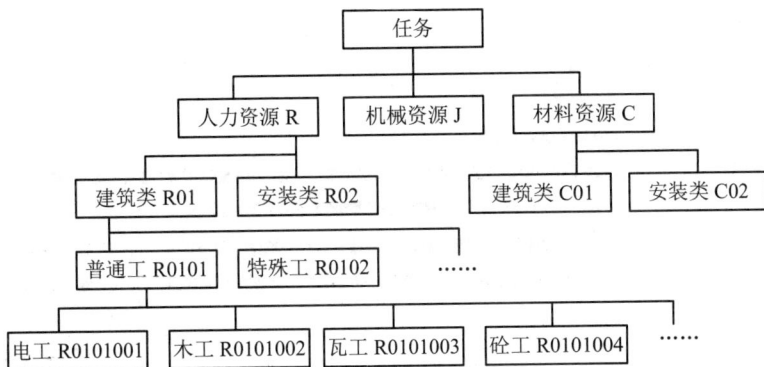

图 1-4-8　资源分解结构

1.4.10　活动持续时间估算

活动持续时间估算是对完成某项活动所需的工作时段数的定量评估。持续时间估算不包括任何滞后量。在活动持续时间估算中，可以指出一定的变动区间。

1.4.11　进度基准

进度基准是经过批准的项目进度计划，只有通过正式的变更控制程序才能进行变更，用作与实际结果进行比较的依据。它被相关干系人接受和批准，其中包含基准开始日期和基准结束日期。在监控过程中，将用实际开始和结束日期与批准的基准日期进行比较，以确定是否存在偏差。进度基准是项目管理计划的组成部分。

1.4.12　项目进度计划

项目进度计划是进度模型的输出，展示活动之间的相互关联，以及计划日期、持续时间、里程碑和所需资源。项目进度计划中至少要包括每个活动的计划开始日期与计划结束日期。在未确认资源分配和计划开始与结束日期之前，项目进度计划都只是初步的，一般要在项目管理计划编制完成之前进行这些确认。项目进度计划（有时称为主进度计划或里程碑进度计划）可以是概括的或详细的。虽然项目进度计划可用列表形式，但图形方式更常见。可以采用以下一种或多种图形来呈现。

（1）横道图。国外也称为甘特图，是展示进度信息的一种图表方式。在横道图中，活动列于纵轴，日期排于横轴，活动持续时间则表示为按开始和结束日期定位的水平条形。横道图相对易读，常用于向管理层汇报情况。为了便于控制，以及与管理层进行沟通，可在里程碑之间横跨多个相关联的工作包，列出内容更广、更综合的概括性活动（有时也叫汇总活动）。在横道图报告中应该显示这些概括性活动。图 1-4-9 是一个横道图示例。

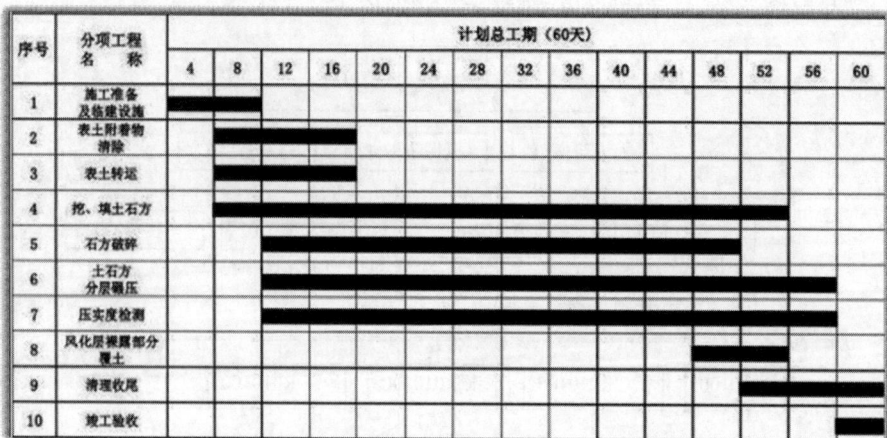

图 1-4-9　横道图示例

（2）里程碑图。里程碑图与横道图类似，但仅标示出主要可交付成果和关键外部接口的计划开始或完成日期，如图 1-4-10 所示。

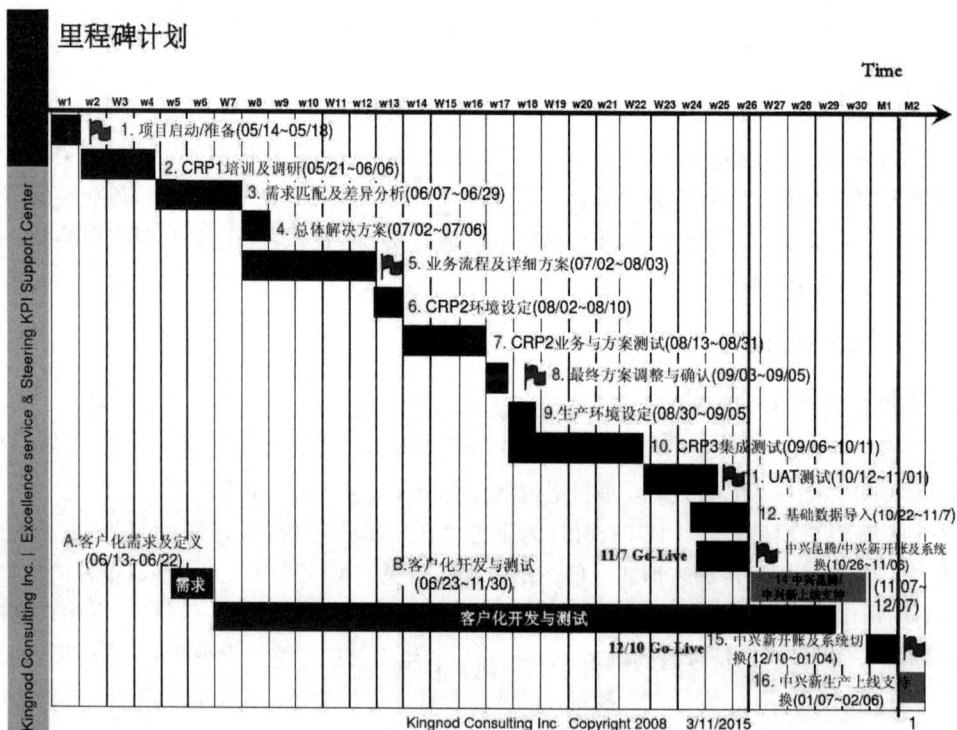

图 1-4-10　里程碑图

（3）项目进度网络图。项目进度网络图通常没有时间刻度，纯粹显示活动及其相互关系，有时也称为"纯逻辑图"，如前导图法和关键路径法。项目进度网络图也可以是包含时间刻度的进度网络图，有时称为"逻辑横道图"。逻辑横道图是在横道图的基础上，加上箭线来表达活动之间的逻辑关系，活动用横道表示，横道的长度表示活动的持续时间，横道的坐标位置表示这个活动的起止时间，通常每个活动占据一行。横道图的另一种呈现形式是"跟踪横道图"，通过将活动的实际进展情况与原定计划进行对比，可以清晰直观地发现项目实际进度与进度基准之间的偏差，项目的整体进展状况也一目了然。图 1-4-11 是一个项目进度网络图示例。

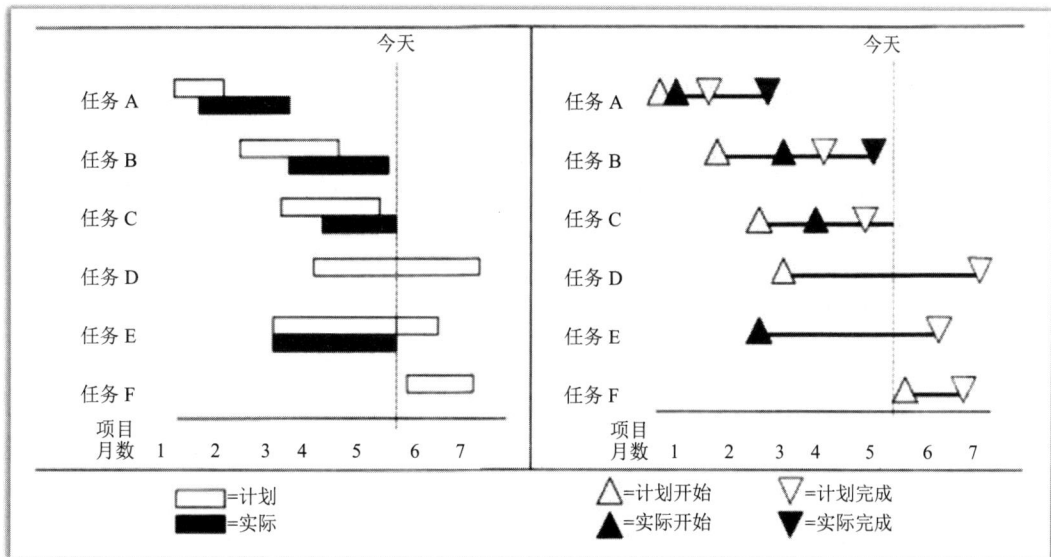

图 1-4-11　项目进度网络图

1.4.13　进度数据

项目进度模型中的进度数据是用以描述和控制进度计划的信息集合。进度数据至少包括里程碑、活动、活动属性，以及已知的全部假设条件与制约因素，所需的其他数据因应用领域而异。经常可用作支持细节的信息包括（但不限于）：

● 按时段列的资源需求，往往以资源直方图表示。
● 备选的进度计划，如最好情况或最坏情况下的进度计划、经资源平衡或未经资源平衡的进度计划、有强制日期或无强制日期的进度计划。
● 进度应急储备。

进度数据还可包括资源直方图、现金流预测，以及订购与交付进度安排等。

1.4.14 项目日历

在项目日历中规定可以开展活动的工作日和工作班次。它把可用于开展活动的时间段（按天或更小的时间单位）与不可用的时间段区分开来。在一个进度模型中，可能需要采用不止一个项目日历来编制项目进度计划，因为有些活动需要不同的工作时段。

1.4.15 进度控制阶段的工作绩效信息

进度控制阶段的工作绩效信息是针对 WBS 组件，特别是工作包和控制账户，计算出进度偏差（SV）与进度绩效指数（SPI），并记录下来，传达给干系人。

1.4.16 进度预测

进度预测是根据已有的信息和知识，对项目未来的情况和事件进行的估算或预计。随着项目执行，应该基于工作绩效信息，更新和重新发布预测。这些信息包括项目的过去绩效和期望的未来绩效，以及可能影响项目未来绩效的挣值绩效指标。

1.4.17 进度控制阶段的变更请求

通过分析进度偏差，审查进展报告、绩效测量结果和项目范围或进度调整情况，可能会对进度基准、范围基准和/或项目管理计划的其他组成部分提出变更请求。应该把变更请求提交给实施整体变更控制过程审查和处理。预防措施可包括推荐的变更，以消除或降低不利进度偏差的发生概率。

1.5 项目成本管理论文重要知识点

1.5.1 成本管理过程

项目成本管理包含为使项目在批准的预算内完成而对成本进行规划、估算、预算、融资、筹资、管理和控制的各个过程，从而确保项目在批准的预算内完工。

项目成本管理包括四个管理过程。

- 规划成本管理：为规划、管理、花费和控制项目成本而制订政策、程序和文档的过程。主要作用是在整个项目中为如何管理项目成本提供指南和方向。
- 估算成本：对完成项目活动所需资金进行近似估算的过程。主要作用是确定完成项目工作所需的成本数额。
- 制订预算：汇总所有单个活动或工作包的估算成本，建立一个经批准的成本基准的过程。主要作用是确定成本基准，可据此监督和控制项目绩效。
- 控制成本：监督项目状态，以更新项目成本，管理成本基准变更的过程。主要作用是发现实际与计划的差异，以便采取纠正措施，降低风险。有效成本控制的关键在于，对经批准的成本基准及其变更进行管理。

1.5.2　成本管理过程的输入、工具与技术、输出

成本管理过程的输入、工具与技术、输出具体见表 1-5-1。

表 1-5-1　成本管理过程的输入、工具与技术、输出

过程名	输　入	工具与技术	输　出
规划成本	1. 项目管理计划 2. 项目章程 3. 组织过程资产 4. 事业环境因素	1. 专家判断 2. 分析技术 3. 会议	成本管理计划
估算成本	1. 成本管理计划 2. 人力资源管理计划 3. 范围基准 4. 项目进度计划 5. 风险登记册 6. 事业环境因素 7. 组织过程资产	1. 专家判断 2. 类比估算 3. 参数估算 4. 自下而上估算 5. 三点估算 6. 储备分析 7. 质量成本 8. 项目管理软件 9. 卖方投标分析 10. 群体决策技术	1. 活动成本估算 2. 估算依据 3. 项目文件更新
制订预算	1. 成本管理计划 2. 范围基准 3. 活动成本估算 4. 估算依据 5. 项目进度计划 6. 资源日历 7. 风险登记册 8. 协议 9. 组织过程资产	1. 成本汇总 2. 储备分析 3. 专家判断 4. 历史关系 5. 资金限制平衡	1. 成本基准 2. 项目资金需求 3. 项目文件更新
控制成本	1. 项目管理计划 2. 项目资金需求 3. 工作绩效数据 4. 组织过程资产	1. 挣值管理 2. 预测 3. 完工尚需绩效指数 4. 绩效审查 5. 项目管理软件 6. 储备分析	1. 工作绩效信息 2. 成本预测 3. 变更请求 4. 项目管理计划更新 5. 项目文件更新 6. 组织过程资产更新

1.5.3　成本管理计划

成本管理计划是项目管理计划的组成部分，描述将如何规划、安排和控制项目成本。成本管理过程及其工具与技术应记录在成本管理计划中。

成本管理计划中规定了以下内容：①计量单位；②精确度；③准确度；④组织程序链接；⑤控制临界值；⑥绩效测量规则；⑦报告格式；⑧过程描述其他细节。

1.5.4　活动成本估算

活动成本估算是对完成项目工作可能需要的成本的量化估算。成本估算可以是汇总的或详细的。成本估算应该覆盖活动所使用的全部资源，包括（但不限于）直接人工、材料、设备、服务、设施、信息技术，以及一些特殊的成本种类，如融资成本（包括利息）、通货膨胀补贴、汇率或成本应急储备。如果间接成本也包含在成本估算中，则可在活动层次或更高层次上计列间接成本。

1.5.5　估算依据

估算依据是活动成本估算所需的支持信息的数量和种类，因应用领域而异。不论其详细程度如何，支持性文件都应该清晰、完整地说明成本估算是如何得出的。

活动成本估算的支持信息可包括：

● 关于估算依据的文件（如估算是如何编制的）。
● 关于全部假设条件的文件。
● 关于各种已知制约因素的文件。
● 对估算区间的说明（如"10000 欧元±10%"就说明了预期成本的所在区间）。
● 对最终估算的置信水平的说明。

1.5.6　成本基准

成本基准是经过批准的、按时间段分配的项目预算，不包括任何管理储备，只有通过正式的变更控制程序才能变更，用作与实际结果进行比较的依据。成本基准是不同进度活动经批准的预算的总和。成本预算表模板见表 1-5-2。

1.5.7　项目资金需求

根据成本基准，确定总资金需求和阶段性（如季度或年度）资金需求。成本基准中既包括预计的支出，也包括预计的债务。项目资金通常以增量而非连续的方式投入，并且可能是非均衡的，呈现出阶梯状。如果有管理储备，则总资金需求等于成本基准加管理储备。在资金需求文件中，也可说明资金来源。

表 1-5-2 成本预算表模板

序号		项目	费用/元
设备	1	服务器	23000
软件	3	操作系统软件	5000
	4	数据库软件	15000
	5	防病毒软件	300
网站功能开发	3	项目人员费用	20000
	4	应用系统开发费用	50000
网站推广	5	网上推广	10000
	6	网下推广	20000
网站运营/维护	7	人员费用	50000 元/年
	8	主机托管/网站维护	7000 元/年
	9	国内域名/国际域名	600 元/年
合计		首年费用合计	143300
		每年运营/维护费用	57600

共计：200900 元

1.5.8 成本控制阶段的工作绩效信息

成本控制阶段的工作绩效信息包括 WBS 各组件（尤其是工作包和控制账户）的 CV、SV、CPI、SPI、TCPI 和 VAC 值，这些信息都需要记录下来，并传达给干系人。

1.5.9 成本预测

成本预测包括计算得出的 EAC 值，以及自下而上估算的 EAC 值，这些值都需要记录下来，并传达给干系人。

1.5.10 成本控制阶段的变更请求

成本控制阶段分析项目绩效后，可能会就成本基准或项目管理计划的其他组成部分提出变更请求。变更请求可以包括预防或纠正措施。变更请求需经过实施整体变更控制的审查和处理。

1.6 项目质量管理论文重要知识点

1.6.1 质量管理过程

质量管理（Quality Management）是指确定质量方针、目标和职责，并通过质量体系中的质量规划、质量保证和质量控制以及质量改进来使其实现所有管理职能的全部活动。质量管理是指为了实现质量目标而进行的所有质量性质的活动。在质量方面指挥和控制的活动，包括质量方针、质量目标、质量规划、质量保证、质量控制和质量改进。

项目质量管理包括三个管理过程。

（1）规划质量管理：是识别项目及其可交付成果的质量要求和标准，并准备对策确保符合质量要求的过程。本过程的主要作用是为整个项目中如何管理和确认质量提供了指南和方向。

（2）实施质量保证：是审计质量要求和质量控制测量结果，确保采用合理的质量标准和操作性定义的过程。本过程的主要作用是促进质量过程改进。

（3）控制质量：是监督并记录质量活动执行结果，以便评估绩效，并推荐必要的变更过程。主要作用包括以下两个方面。

1）识别过程低效或产品质量低劣的原因，建议并采取相应措施消除这些原因。

2）确认项目的可交付成果及工作满足主要干系人的既定需求，足以进行最终验收。

1.6.2 质量管理过程的输入、工具与技术、输出

质量管理过程的输入、工具与技术、输出具体见表 1-6-1。

表 1-6-1 质量管理过程的输入、工具与技术、输出

过程名	输　入	工具与技术	输　出
规划质量管理	1. 项目管理计划 2. 干系人登记册 3. 风险登记册 4. 需求文件 5. 事业环境因素 6. 组织过程资产	1. 成本收益绩效分析 2. 质量成本 3. 七种基本质量工具 4. 标杆对照 5. 实验设计 6. 其他质量管理工具 7. 抽样统计 8. 会议	1. 质量管理计划 2. 过程改进计划 3. 质量测量指标 4. 质量核对单 5. 项目文件更新
实施质量保证	1. 质量管理计划 2. 过程改进计划 3. 质量测量指标 4. 质量控制测量结果 5. 项目文件	1. 质量管理与控制工具 2. 质量审计 3. 过程分析 4. 检查	1. 变更请求 2. 项目管理计划更新 3. 项目文件更新 4. 组织过程资产更新
控制质量	1. 项目管理计划 2. 质量测量指标 3. 质量核对单 4. 工作绩效数据 5. 批准的变更请求 6. 可交付成果 7. 项目文件 8. 组织过程资产	1. 七种质量工具 2. 统计抽样 3. 检查 4. 审查已批准的变更请求	1. 质量控制测量结果 2. 确认的变更 3. 核实的可交付成果 4. 工作绩效信息 5. 变更请求 6. 项目管理计划更新 7. 项目文件更新 8. 组织过程资产更新

1.6.3 质量管理计划

质量管理计划是项目管理计划的组成部分，描述如何实施组织的质量政策，以及项目管理团队准备如何达到项目的质量要求。质量管理计划可以是正式的，也可以是非正式的，可以是非常详细的，也可以是高度概括的。应该在项目早期就对质量管理计划进行评审，以确保决策是基于准确信息的。这样做的好处是更加关注项目的价值定位，降低因返工而造成的成本超支和进度延误。

1.6.4 过程改进计划

过程改进计划详细说明对项目管理过程和产品开发过程进行分析的各个步骤，以识别增值活动。需要考虑过程边界、过程配置、过程测量指标、绩效改进目标。

1.6.5 质量核对单

质量核对单是一种结构化工具，通常具体列出各项内容，用来核实所要求的一系列步骤是否已得到执行。质量核对单应该涵盖在范围基准中定义的验收标准。质量核对单样式见表 1-6-2。

表 1-6-2　质量核对单

质量审核	1. 批生产记录	①记录齐全、书写正确、数据完整，有操作人、复核人签名	是□/否□
		②清场记录及清场合格证是否有 QA 签字	是□/否□
		③中间产品是否按规定取样、检验，检验结果是否符合标准	是□/否□
	2. 批包装记录审核	①记录齐全、书写正确、数据完整，有操作人、复核人签名	是□/否□
		②清场记录及清场合格证是否有 QA 签字	是□/否□
		③所用说明书、标签、合格证均正确，打印批号及有效期正确	是□/否□
	3. 物料平衡	①物料平衡计算公式正确	是□/否□
		②各工序物料平衡结果符合标准	是□/否□
	4. 监控记录及取样记录审核	①记录齐全、书写正确、数据完整，有监控人签名	是□/否□
		②监控项目齐全，结果符合规定，取样单及取样数量正确	是□/否□
	5. 偏差处理	①生产偏差是否执行偏差处理程序，处理结果是否符合要求	是□/否□
		②检验偏差是否执行 OOS 调查程序，处理结果是否符合要求	是□/否□
	6. 批检验记录及检验报告审核	①记录齐全、书写正确、数据完整，有检验人、复核人签名	是□/否□
		②检验报告单记录及结果应符合内控标准	是□/否□
		③检验报告单有批准人签字及盖有"质量专用章"	是□/否□
	结论	符合规定□　　　不符合规定□	
		审核人：　　　　　日期：　　年　月　日	

1.6.6　质量测量指标

质量测量指标专用于描述项目或产品属性，以及控制质量过程将如何对属性进行测量。其示意见表 1-6-3。

表 1-6-3　质量测量指标示意

项目		质量指标	
		棕榈原油	成品棕榈油
熔点/℃		33～39	
色泽（罗维朋比色槽 133.4mm）	≤	—	黄 30 红 3.0
透明度		—	50℃澄清、透明
水分及挥发物/%	≤	0.20	0.05
不溶性杂质/%	≤	0.05	0.05
酸值（以氢氧化钾计）/（mg/g）	≤	10.0	0.20
过氧化值/（mmol/kg）	≤	—	5.0
铁/（mg/kg）	≤	5.0	—
铜/（mg/kg）	≤	0.4	—

注 1：划有"—"者不做检测。
注 2：黑体部分指标强制。

1.6.7　质量保证阶段的变更请求

质量保证阶段可以提出变更请求，并提交给实施整体变更控制过程，以全面考虑改进建议。可以为采取纠正措施、预防措施或缺陷补救而提出变更请求。

1.6.8　质量控制测量结果

质量控制测量结果是对质量控制活动的结果的书面记录。应该以规划质量管理过程所确定的格式加以记录。

1.6.9　确认的变更

确认的变更是对变更或补救过的对象进行检查，做出接受或拒绝的决定，并把决定通知干系人。被拒绝的对象可能需要返工。

1.6.10　核实的可交付成果

控制质量过程的一个目的就是确定可交付成果的正确性。开展控制质量过程的结果，是核实的可交付成果。核实的可交付成果是确认范围过程的一项输入，以便正式验收。

1.6.11　质量控制阶段的工作绩效信息

质量控制阶段的工作绩效信息是从各控制过程收集，并结合相关背景和跨领域关系进行整合分析而得到的绩效数据。例如，关于项目需求实现情况的信息：拒绝的原因、要求的返工，或必须的过程调整。

1.6.12　质量控制阶段的变更请求

质量控制阶段如果推荐的纠正措施、预防措施或缺陷补救导致需要对项目管理计划进行变更，则应按既定的实施整体变更控制过程的要求，提出变更请求。

1.7　项目人力资源管理论文重要知识点

1.7.1　人力资源管理过程

项目人力资源管理的目的是根据项目需要，规划并组建项目团队，对团队进行有效的指导和管理，以保证他们可以完成项目任务，实现项目目标。

项目人力资源管理包括四个管理过程。

- 规划人力资源管理：是识别和记录项目角色、职责、所需技能、报告关系，并编制人员配备管理计划的过程。明确和识别具备所需技能的人力资源，保证项目成功。本过程的主要收益是建立项目角色与职责、项目组织图，以及包含人员招募和遣散时间表的人员配备管理计划。

- 组建项目团队：是确认人力资源的可用情况，并为开展项目活动而组建团队的过程。本过程的主要收益是指导团队选择和职责分配，组建一个成功的团队。

- 建设项目团队：是提高工作能力，促进团队成员互动，改善团队整体氛围，以提高项目绩效的过程。本过程的主要收益是改进团队协作，增强人际技能，激励团队成员，降低人员离职率，提升整体项目绩效。

- 管理项目团队：是跟踪团队成员工作表现，提供反馈，解决问题并管理团队变更，以优化项目绩效的过程。本过程的主要收益是影响团队行为，管理冲突，解决问题，并评估团队成员的绩效。

1.7.2　人力资源管理过程的输入、工具与技术、输出

人力资源管理过程的输入、工具与技术、输出具体见表 1-7-1。

表 1-7-1　人力资源管理过程的输入、工具与技术、输出

过程名	输　入	工具与技术	输　出
规划人力资源管理	1．项目管理计划 2．活动资源需求 3．事业环境因素 4．组织过程资产	1．组织图和职位描述 2．人际交往 3．组织理论 4．专家判断 5．会议	人力资源管理计划
组建项目团队	1．人力资源管理计划 2．事业环境因素 3．组织过程资产	1．预分派 2．谈判 3．招募 4．虚拟团队 5．多标准决策分析	1．项目人员分派 2．资源日历 3．项目管理计划更新
建设项目团队	1．人力资源管理计划 2．项目人员分派 3．资源日历	1．人际关系技能 2．培训 3．团队建设活动 4．基本规则 5．集中办公 6．认可与奖励 7．人事测评工具	1．团队绩效评估 2．事业环境因素更新
管理项目团队	1．人力资源管理计划 2．项目人员分派 3．团队绩效评估 4．问题日志 5．工作绩效报告 6．组织过程资产	1．观察和交谈 2．项目绩效评估 3．冲突管理 4．人际关系技能	1．变更请求 2．项目管理计划更新 3．项目文件更新 4．组织过程资产更新 5．事业环境因素更新

1.7.3　人力资源管理计划

人力资源管理计划提供了关于如何定义、配备、管理及最终遣散项目人力资源的指南。人力资源管理计划及其后续修订也是制订项目管理计划过程的输入。人力资源管理计划包括（但不限于）以下内容：

（1）角色与职责，定义项目所需的岗位、技能和能力。

（2）项目组织图，说明项目所需的人员数量。

（3）人员配备管理计划，说明需要每个团队成员的时间段，以及有助于项目团队参与的其他重要信息。

1.7.4　角色和职责

可采用多种格式来记录团队成员的角色与职责，如图 1-7-1 所示。大多数格式属层级型、矩阵型和文本型。通常，层级型可用于规定高层级角色，而文本型更适合用于记录详细职责。

图 1-7-1　角色与职责的不同记录格式

1. 层级型

传统的层级型组织结构图就是一种典型的层级结构，可自上而下地显示各种职位及其相互关系。

工作分解结构（WBS）用来显示如何把项目可交付成果分解为工作包，有助于明确高层级的职责。

组织分解结构（OBS）与 WBS 在形式上相似，但是它不是根据项目的可交付成果进行分解，而是按照组织现有的部门、单元或团队排列，并在每个部门下列出其所负责的项目活动或工作包。

资源分解结构（RBS）是按资源类别和类型而划分的资源层级结构，有利于规划和控制项目工作。

2. 矩阵型

责任分配矩阵（RAM）是用来显示分配给每个工作包的项目资源的表格。它显示工作包或活动与项目团队成员之间的关系。它也可确保任何一项任务都只由一个人负责，从而避免职责不清。

RAM 的一个例子是 RACI 矩阵（Responsible、Accountable、Consulted、Informed 代表资源与工作之间的四种关系）。实用 RACI 格式的责任分配矩阵见表 1-7-2。

表 1-7-2　实用 RACI 格式的责任分配矩阵

RACI 矩阵	人　员				
活动	张三	李四	王五	赵六	钱七
需求定义	A	R	I	I	I
系统设计	I	A	R	C	C
系统开发	I	A	R	C	C
测试	A	I	I	R	I
R=执行，A=负责，C=咨询，I=知情					

项目经理也可以根据项目需要使用自己定义的责任对应关系（如负责、协助、参与、监督、审核等）来制订适合本项目的责任分配矩阵。

在 RAM 中，任务与人员（也可以是小组或部门）的对应关系一览无余，可以使项目避免很多无谓的冲突和混乱。

3. 文本型

如果需要详细描述团队成员的职责，就可以采用文本型。

4. 项目计划的其他部分

一些和管理项目相关的职责列在项目管理计划的其他部分并做相应解释。例如，风险应对计划列出了风险的负责人，沟通计划列出了应该对不同的沟通活动负责的成员，质量计划指定了质量保证和控制活动的负责人。

1.7.5　人员配备管理计划

人员配备管理计划是人力资源管理计划的组成部分，说明将在何时、以何种方式获得项目团队成员，以及他们需要在项目中工作多久。人员配备管理计划可以是正式的或非正式的，非常详细的或高度概括的。其应包括以下几个方面的内容：

（1）人员招募。从组织内部招募，还是从组织外部的签约供应商招募；团队成员必须集中在一起工作还是可以远距离分散办公。

（2）资源日历。表明每种具体资源的可用工作日和工作班次的日历。

（3）人员遣散计划。

（4）培训需要。

（5）认可与奖励。

（6）合规性。人员配备管理计划中可包含一些策略，以遵循适用的政府法规、工会合同和其他现行的人力资源政策。

（7）安全。应该在人员配备管理计划和风险登记册中规定一些政策和程序，使团队成员远离安全隐患。

1.7.6　项目人员分派

项目人员分派就是把团队成员分派到合适的项目岗位上。与之相关的文件是项目团队名录和通讯录。团队成员姓名需要插入到项目管理计划的其他部分（如项目组织图和进度计划）。

1.7.7　资源日历

资源日历记录每个项目团队成员在项目上的工作时间段。必须很好地了解每个人的可用性和时间限制（包括时区、工作时间、休假时间、当地节假日和在其他项目的工作时间），才能编制出可靠的进度计划。资源日历模板见表 1-7-3。

表 1-7-3　资源日历模板

日期\团队	1 日 星期二	2 日 星期三	3 日 星期四	4 日 星期五	5 日 星期六	6 日 星期日	7 日 星期一	8 日 星期二	9 日 星期三	10 日 星期四	11 日 星期五
主　班											
副　班											
行政班											

日期\团队	12 日 星期六	13 日 星期日	14 日 星期一	15 日 星期二	16 日 星期三	17 日 星期四	18 日 星期五	19 日 星期六	20 日 星期日	21 日 星期一	22 日 星期二
主　班											
副　班											
行政班											

日期\团队	23 日 星期三	24 日 星期四	25 日 星期五	26 日 星期六	27 日 星期日	28 日 星期一	29 日 星期二	30 日 星期三	31 日 星期四
主　班									
副　班									
行政班									

1.7.8　团队绩效评价

项目管理团队应该对项目团队的有效性进行正式或非正式评价。有效的团队建设策略和活动可以提高团队绩效，从而提高实现项目目标的可能性。以任务和结果为导向是高效团队的重要特征，其团队绩效评价基于：技术达成情况（达成既定的项目目标，包括质量水平）、进度绩效（按时完成）和成本绩效（在财务约束条件内完成）。

评价团队有效性的指标可包括以下四方面内容：个人技能的改进，从而使成员更有效地完成工作任务；团队能力的改进，从而使团队更好地开展工作；团队成员离职率的降低；团队凝聚力的加强，从而使团队成员公开分享信息和经验，并互相帮助，来提高项目绩效。

一个团队绩效评价的模板见表 1-7-4。

表 1-7-4 团队绩效评价模板

类别	项目	评价指标	计量单位	权重%	月计划	评价标准
经营绩效	利润	公司利润	万元	10		每降 1%扣权重的 5%，最多扣 20% 每超 1%奖权重的 5%，最多奖 10%
	费用	部门行政四项费用	万元	5		每超 1%扣权重的 5%，最多扣 20% 每降 1%奖权重的 5%，最多奖 10%
协作	挂钩生产	挂钩生产单位产量综合兑现分值	%	25		每降 1%扣权重的 5%，最多扣 20% 每超 1%奖权重的 5%，最多奖 10%
管理绩效	专业管理	培训计划兑现率	%	10		每降 0.5%扣权重的 5%，最多扣 20% 每超 0.5%奖权重的 5%，最多奖 10%
		招聘计划执行率	%	10		
		员工流失率	%	10		
		工资发放准确率	%	10		
		劳动和谐关系	次	10		发生 1 次，扣 5%，最多扣 20%
	重点工作	重点工作完成率及效果	%	5		
		工作质量满意度	%	5		
合计				100		

1.7.9 管理团队阶段的变更请求

人员配备的变化，无论是自主选择还是由不可控事件造成，都会影响项目管理计划的其他部分。如果人员配备问题导致项目团队无法坚持项目管理计划（如造成进度拖延或预算超支），就需要通过实施整体变更控制过程来处理变更请求。

人员配备变更可能包括转派人员、外包部分工作以及替换离职人员。

预防措施是指在问题发生前所制订的、用来降低问题发生概率或影响的措施。这些措施可包括为减轻成员缺勤所带来的问题而开展的交叉培训，以及为确保所有职责都得到履行而进行的角色澄清。

1.8 项目风险管理论文重要知识点

1.8.1 风险管理过程

项目风险管理包括项目风险管理规划、风险识别、分析、应对和监控的过程。其中多数过程在整个项目期间都需要更新。项目风险管理的目标在于增加积极事件的概率和影响，降低消极事件的概率和影响。

项目风险管理包括六个管理过程。

- 规划风险管理规划：决定如何进行规划和实施项目风险管理活动。本过程的主要作用是确保风险管理的程度、类型和可见度与风险及项目对组织的重要性相匹配。
- 风险识别：判断哪些风险会影响项目，并以书面形式记录其特点。本过程的主要作用是把识别出的风险记录在案，并为项目团队预测未来事件积累知识和技能。
- 定性风险分析：对风险概率和影响进行评估和汇总，进而对风险进行排序，以便随后进一步分析或行动。本过程的主要作用是使项目经理能够降低项目的不确定性级别，并重点关注高优先级的风险。
- 定量风险分析：就识别的风险对项目总体目标的影响进行定量分析。本过程的主要作用是产生量化风险信息来支持决策制定，降低项目的不确定性。
- 规划风险应对：针对项目目标制订提高机会、降低威胁的方案和行动。本过程主要作用是根据风险的优先级来制定应对措施，并把风险应对所需的资源和活动加进项目预算、进度计划和项目管理计划中。
- 控制风险：在整个项目生命周期中，跟踪已识别的风险、监测残余风险、识别新风险和实施风险应对计划，并对其有效性进行评估。本过程的主要作用是在整个项目生命周期中提高应对风险的效率，不断优化风险应对措施。

1.8.2　风险管理过程的输入、工具与技术、输出

风险管理过程的输入、工具与技术、输出具体见表 1-8-1。

表 1-8-1　风险管理过程的输入、工具与技术、输出

过程名	输　入	工具与技术	输　出
规划风险管理	1．项目管理计划 2．项目章程 3．干系人登记册 4．事业环境因素 5．组织过程资产	1．分析技术 2．专家判断 3．会议	风险管理计划
风险识别	1．风险管理计划 2．成本管理计划 3．进度管理计划 4．质量管理计划 5．人力资源管理计划 6．范围基准 7．活动成本估算 8．活动持续时间估算 9．干系人登记册 10．项目文件 11．采购文件 12．事业环境因素 13．组织过程资产	1．文档审查 2．信息收集技术 3．核对表分析 4．假设分析 5．图解技术 6．SWOT 分析 7．专家判断	风险登记册

续表

过程名	输　入	工具与技术	输　出
定性风险分析	1. 风险管理计划 2. 范围基准 3. 风险登记册 4. 事业环境因素 5. 组织过程资产	1. 风险概率与影响评估 2. 概率和影响矩阵 3. 风险数据质量评估 4. 风险分类 5. 风险紧迫性评估 6. 专家判断	项目文件更新
	1. 风险管理计划 2. 项目成本管理计划 3. 项目进度管理计划 4. 风险登记册 5. 事业环境因素 6. 组织过程资产	1. 数据收集和展示技术 2. 定量风险分析和建模技术 3. 专家判断	项目文件更新
规划风险应对	1. 风险管理计划 2. 风险登记册	1. 消极或威胁应对策略 2. 积极或机会应对策略 3. 应急应对策略 4. 专家判断	1. 项目管理计划更新 2. 项目文件更新
控制风险	1. 项目管理计划 2. 风险登记册 3. 工作绩效数据 4. 工作绩效报告	1. 风险再评估 2. 风险审计 3. 偏差和趋势分析 4. 技术绩效测量 5. 储备分析 6. 会议	1. 工作绩效信息 2. 变更请求 3. 项目管理计划更新 4. 项目文件更新 5. 组织过程资产更新

1.8.3　风险管理计划

风险管理计划描述如何安排与实施项目风险管理，它是项目管理计划的从属计划。风险管理计划可包括以下内容：

（1）方法论：确定实施项目风险管理可使用的方法、工具及数据来源。

（2）角色与职责：确定风险管理计划中每项活动的领导、支援与风险管理团队的成员组成。

（3）预算：分配资源，并估算风险管理所需成本，将之纳入项目成本基准。

（4）时间安排：确定在项目整个生命周期中实施风险管理过程的次数和频率，并确定应纳入项目进度计划的风险管理活动。

（5）风险类别：风险类别为确保系统地、持续地、详细地和一致地进行风险识别的综合过程，并为保证风险识别的效力和质量的风险管理工作提供了一个框架。风险分解结构是提供该框架的方法之一，该结构也可通过简单列明项目的各个方面表述出来。

（6）风险概率和影响的定义。

（7）概率和影响矩阵。

（8）修改的项目干系人承受度。

（9）报告格式。

（10）跟踪。

风险管理计划模板如图 1-8-1 所示。

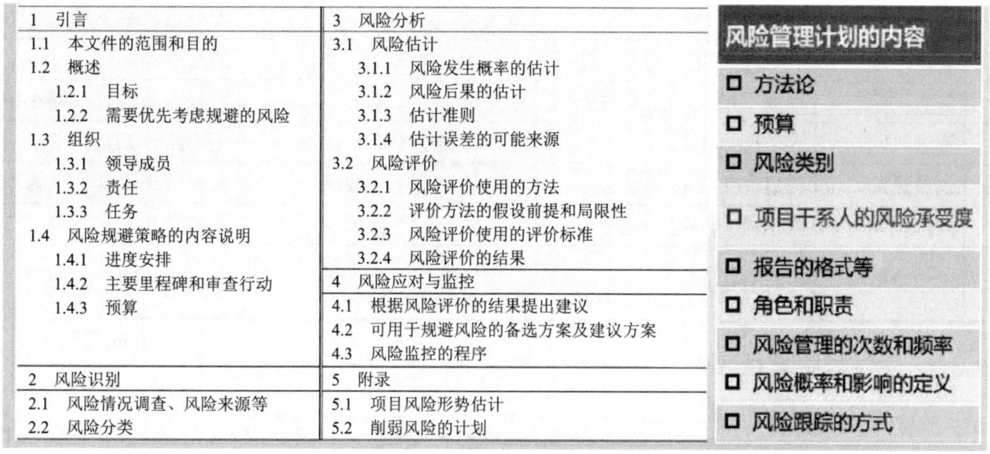

1 引言
1.1 本文件的范围和目的
1.2 概述
1.2.1 目标
1.2.2 需要优先考虑规避的风险
1.3 组织
1.3.1 领导成员
1.3.2 责任
1.3.3 任务
1.4 风险规避策略的内容说明
1.4.1 进度安排
1.4.2 主要里程碑和审查行动
1.4.3 预算

2 风险识别
2.1 风险情况调查、风险来源等
2.2 风险分类

3 风险分析
3.1 风险估计
3.1.1 风险发生概率的估计
3.1.2 风险后果的估计
3.1.3 估计准则
3.1.4 估计误差的可能来源
3.2 风险评价
3.2.1 风险评价使用的方法
3.2.2 评价方法的假设前提和局限性
3.2.3 风险评价使用的评价标准
3.2.4 风险评价的结果

4 风险应对与监控
4.1 根据风险评价的结果提出建议
4.2 可用于规避风险的备选方案及建议方案
4.3 风险监控的程序

5 附录
5.1 项目风险形势估计
5.2 削弱风险的计划

风险管理计划的内容
- 方法论
- 预算
- 风险类别
- 项目干系人的风险承受度
- 报告的格式等
- 角色和职责
- 风险管理的次数和频率
- 风险概率和影响的定义
- 风险跟踪的方式

图 1-8-1 风险管理计划模板

1.8.4 风险登记册

风险登记册的编制始于风险识别过程，主要依据下列信息编制而成，可供其他项目管理过程和项目风险管理过程使用。

（1）已识别风险清单。在此对已识别风险进行描述，包括其根本原因、不确定的项目假设等。风险可涉及任何主题和方面。

（2）潜在应对措施清单。在风险识别过程中，可识别出风险的潜在应对措施。如此确定的风险应对措施可作为风险应对规划过程的依据。

（3）风险根本原因。指可导致已识别风险的根本状态或事件。

（4）风险类别更新。在识别风险的过程中，可能识别出新的风险类别，进而将新风险类别纳入风险类别清单中。基于风险识别过程的成果，可对风险管理规划过程中形成的风险分解结构进行修改或完善。项目风险登记表见表 1-8-2。

表 1-8-2　项目风险登记表

序号	分类	风险来源	风险事件	风险后果
1	合作方风险	合作协议	苹果中断与中国电信的合作	项目取消
2	合作风险	供货	苹果供货能力不足	销量达不到预期目标
3	质量风险	产品质量	质量不稳定、返修高	市场占有率下降
4	合作方风险	售后服务网点不足，维修能力不足	维修不及时，不能维修	产品销量下降，产品美誉度下降
5	合作风险	分销商营销能力不足	市场销量不理想	市场占有率下降
6	政策风险	手机进口得不到国家许可	产品无法销售	项目取消
7	资金风险	预算不足或不能及时到位	项目资金链中断	项目无法进行或缩小范围
8	策划风险	媒体选择不当	广告覆盖率不高	达不到预期宣传效果
9	人员风险	项目人员无相关经验	营销效果达不到要求	宣传效果不佳、销售不理想
10	技术风险	营销方案制定不充分	营销效果达不到要求	手机销售数量下降
11	需求风险	经济衰退	目标人群购买力下降，预期销售数量无法达到	手机销售数量下降

1.8.5　定性风险分析成果

- 项目风险的相对排序或优先级清单。可使用风险概率和影响矩阵，根据风险的重要程度进行分类。项目经理可参考风险优先级清单，集中精力处理高优先级的风险，以获得更好的项目成果。如果组织更关注其中一项目标，则可分别为成本、时间、范围和质量目标单独列出风险优先级。对于被评定为对项目十分重要的风险而言，应对其风险概率和影响的评定基础和依据进行描述。

- 按照类别分类的风险。进行风险分类可揭示风险的共同原因，或特别需要关注的项目领域。在发现风险集中的领域之后，可提高风险应对的有效性。

- 需要在近期采取应对措施的风险清单。需要采取紧急应对措施的风险和可在今后某些时候处理的风险应分入不同的类别。

- 要进一步分析与应对的风险清单。有些风险可能需要进一步分析，包括定量风险分析，以及采取风险应对措施。

- 低优先级风险观察清单。在定性风险分析过程中，把评定为不重要的风险放入观察清单中进一步监测。

- 定性风险分析结果的趋势。在分析重复进行后，特定风险的分析结果可能出现某种明显趋势，从而使采取应对措施或者进一步分析变得比较紧迫或者比较重要。

1.8.6　假设条件日志

随着定性风险评估产生出新信息，假设条件可能发生变化，需要根据这些新信息来调整假设条件日志。假设条件可包含在项目范围说明书中，也可记录在独立的假设条件日志中。

1.8.7　定量风险分析成果

项目文件要随着定量风险分析产生的信息而更新，这里主要是更新风险登记册。

风险登记册在风险识别过程中形成，是项目管理计划的组成部分。在定性风险分析过程中更新，并在定量风险分析过程中会进一步更新，此处的更新内容主要包括：

（1）项目的概率分析。项目潜在进度与成本结果的预报，并列出可能的竣工日期或项目工期与成本及其可信度水平。该项成果（通常以累积分布表示）与利害关系者的风险承受度水平结合在一起，以对成本和时间应急储备金进行量化。需要通过应急储备金将超出既定项目目标的风险降低到组织可接受的水平。

（2）实现成本和时间目标的概率。采用目前的计划以及目前对项目所面临的风险的了解，可用定量风险分析方法估算出实现项目目标的概率，量化风险优先级清单。此项风险清单包括对项目造成最大威胁或为项目提供最大机会的风险，以及需要分配最高成本应急储备金的风险和最可能影响关键路径的风险。

（3）定量风险分析结果的趋势。在分析重复进行过程中，其分析结果可能会呈现某种显而易见的趋势，根据该种趋势得出的结论将会对风险应对措施造成影响。

1.8.8　控制风险阶段的变更请求

有时，实施应急计划或权变措施会导致变更请求。变更请求要提交给实施整体变更控制过程审批。变更请求也可包括推荐的纠正措施和预防措施：①推荐的纠正措施。为了使项目工作绩效重新符合项目管理计划而开展的活动，包括应急计划和权变措施。后者是针对以往未曾识别或被动接受的、目前正在发生的风险而采取的、未经事先计划的应对措施；②推荐的预防措施。为确保未来的项目工作绩效符合项目管理计划而开展的活动。

1.8.9　风险监控列表

风险监控列表示例如图 1-8-2 所示。

软件项目风险列表					
风险	现在优先级	以前优先级	每周前10项重点关注	应对策略状态	风险等级
频繁的需求变更	1	1	2	使一些需求延后	高
低效率的测试	2	4	3	增加测试用例以反映需求变更	高
进度延缓	3	5	2	调整一些开发人员至测试团队	高
组员离职	4	3	1	从开发一部调配两名成员	高
沟通障碍	5	2	4	指定两名强有力的协调人	中

图 1-8-2　风险监控列表示例

1.9 项目采购管理论文重要知识点

1.9.1 采购管理过程

项目采购管理是为完成项目工作,从项目团队外部购买或获取所需的产品、服务或成果的过程。项目采购管理对项目的成功至关重要。规范的项目采购管理要兼顾符合项目需要、经济性、合理性和有效性,可以有效降低项目成本,促进项目顺利实现目标,从而成功地完成项目。

项目采购管理包括四个管理过程。

- 规划采购:决定采购什么、何时采购、如何采购,还要记录项目对于产品、服务或成果的需求,并且寻找潜在的供应商。
- 实施采购:从潜在的供应商处获得适当的信息、报价、投标书或建议书。选择供方,审核所有建议书或报价,在潜在的供应商中选择,并与选中者谈判最终合同。
- 控制采购:管理合同以及买卖双方之间的关系,监控合同的执行情况。审核并记录供应商的绩效以采取必要的纠正措施,并作为将来选择供应商的参考。管理与合同相关的变更。
- 结束采购:结束采购是完结本次项目采购的过程。完成每一次项目采购,都需要结束采购过程。它是项目收尾或者阶段收尾过程的一部分,它把合同和相关文件归档以备将来参考,因为项目收尾或者阶段收尾过程已核实本项目或本阶段所有工作和项目可交付物是不是可接受的。

项目采购管理的过程细化来讲包含如下步骤:①需求确定与采购计划的制订;②供应商的搜寻与分析;③定价;④拟定并发出定单;⑤定单的跟踪和跟催;⑥验货和收货;⑦开票和支付货款;⑧记录管理。

1.9.2 采购管理过程的输入、工具与技术、输出

采购管理过程的输入、工具与技术、输出具体见表 1-9-1。

表 1-9-1 采购管理过程的输入、工具与技术、输出

过程名	输　　入	工具与技术	输　　出
规划采购	1. 项目管理计划 2. 需求文档 3. 风险登记册 4. 活动资源要求 5. 项目进度 6. 活动成本估算 7. 干系人登记册 8. 事业环境因素 9. 组织过程资产	1. 自制/外购分析 2. 专家判断 3. 市场调研 4. 会议 5. 合同类型	1. 采购计划 2. 采购工作说明书 3. 采购文件 4. 供方选择标准 5. 自制/外购决策 6. 变更请求 7. 可能的项目文件更新

过程名	输　　入	工具与技术	输　　出
实施采购	1. 采购计划 2. 采购文件 3. 卖方建议书 4. 项目文件 5. 采购工作说明书 6. 组织过程资产	1. 投标人会议 2. 建议评价技术 3. 独立估算 4. 专家判断 5. 刊登广告 6. 分析技术 7. 采购谈判	1. 选中的卖方 2. 合同 3. 资源日历 4. 变更请求 5. 项目管理计划更新
控制采购	1. 项目管理计划 2. 采购文件 3. 合同 4. 批准的变更请求 5. 工作绩效报告 6. 工作绩效数据	1. 合同变更控制系统 2. 检查与审计 3. 采购绩效审查 4. 报告绩效 5. 支付系统 6. 索赔管理 7. 记录管理系统	1. 工作绩效信息 2. 变更请求 3. 项目管理计划更新 4. 项目文件更新 5. 组织过程资产更新
结束采购	1. 合同 2. 合同收尾程序 3. 项目管理计划 4. 采购文件	1. 采购审计 2. 采购谈判 3. 记录管理系统	1. 合同收尾 2. 组织过程资产更新

1.9.3　采购计划

采购计划描述从形成采购文件到合同收尾的采购过程。采购计划需要达到的目的包括以下五个方面：

（1）预计采购物料所需的时间和数量，防止供应中断，影响项目实施。

（2）避免物料储存过多、积压资金以及占用存储空间。

（3）配合企业项目生产计划与资金调度。

（4）使采购部门事先准备，选择有利时机购入物料。

（5）确定物料耗用标准，以便管制物料采购数量与成本。

1.9.4　采购工作说明书

对所购买的产品、成果或服务来说，采购工作说明书定义了与合同相关的那部分项目范围。每个采购工作说明书来自于项目范围基准。采购工作说明书示例如图1-9-1所示。

1.	采购目标的详细描述
2.	采购工作范围
—	详细描述本次采购各个阶段要完成的工作
—	详细说明所采用的软硬件以及功能、性能
3.	工作地点
—	工作进行的具体地点
—	详细阐明软硬件所使用的地方
—	员工必须在哪里和以什么方式工作
4.	产品及服务的供货周期
—	详细说明每项工作的预计开始时间、结束时间和工作时间等
—	相关的进度信息
5.	适用标准
	……
6.	验收标准
	……
7.	其他要求

图 1-9-1　采购工作说明书

1.9.5　采购文件

采购文件用来得到潜在卖方的报价建议书。当选择卖方的决定基于价格（例如当购买商业产品或标准产品）时，通常使用标书、投标或报价而不是报价建议书这个术语。

1.9.6　供方选择标准

这个标准用于从潜在的卖方中选中符合要求的、合格的卖方。

1.9.7　"自制/外购"决策

决定项目的哪些产品、服务或资源需要自制，哪些外购更为合适。

1.9.8　规划采购阶段的变更申请

编制采购计划时，关于购买产品、服务或资源的决策，通常会导致变更请求，从而可能会引发项目管理计划的相应内容和其他分计划的更新。对申请的项目管理计划变更（增加、修改和修正）需要整体变更控制过程进行管理。

1.9.9 选中的卖方

依据供方选择标准，对各个卖方的建议书或投标书进行评价，选出最合适的一个或多个卖方。

1.9.10 合同

因应用领域不同，合同也可称为协议、分包合同或订购单。

1.9.11 实施采购阶段的变更请求

在实施采购的过程中，可能发现原来的项目计划有遗漏，或者市场条件发生了变化，需要提交变更请求对原项目计划进行更新。

1.9.12 控制采购阶段的工作绩效信息

控制采购阶段的工作绩效信息中包括合同履约信息，便于买方预测特定可交付成果的完成情况，追踪特定可交付成果的接收情况。

1.9.13 控制采购阶段的变更请求

在过程中，可能产生对项目管理计划及其子计划和其他组成部分的变更请求，如成本基准、进度基准和采购管理计划。

1.9.14 合同收尾

买方通过其负责的合同管理人员，正式以书面形式通知卖方合同已经完成。通常在合同的条款与条件中明确规定对合同正式收尾的要求，并将其包含在采购计划里。

1.10 项目沟通管理论文重要知识点

1.10.1 沟通管理过程

项目沟通管理是确保及时、正确地产生、收集、分发、储存和最终处理项目信息所需的过程。项目沟通管理过程揭示了实现成功沟通所需的人员、观点、信息三项要素之间的一种联络过程。

项目沟通管理包括三个管理过程。

- 规划沟通管理。根据干系人的信息需要和要求及组织的可用资源情况，制订合适的项目沟通方式和计划的过程。
- 管理沟通。根据沟通管理计划，生成、收集、分发、储存、检索及最终处置项目信息的过程。包括创建、分发、接收、告知收悉和理解信息所需的活动。项目沟通可包括（但不限于）绩效报告、可交付成果状态、进度进展情况和已发生的成本。受相关因素的影响，项目沟通可能会变动很大。这些因素包括（但不限于）信息的紧急性和影响、信息传递方法、信息机密程度。

● 控制沟通。在整个项目生命周期中对沟通进行监督和控制的过程，以确保满足项目干系人对信息的需求。

1.10.2 项目沟通管理过程的输入、工具与技术、输出

项目沟通管理过程的输入、工具与技术、输出具体见表 1-10-1。

表 1-10-1　项目沟通管理过程的输入、工具与技术、输出

过程名	输　入	工具与技术	输　出
规划沟通管理	1. 项目管理计划 2. 干系人登记册 3. 事业环境因素 4. 组织过程资产	1. 分析沟通需求 2. 沟通技术 3. 沟通模型 4. 沟通方法 5. 会议	1. 项目文件更新 2. 沟通管理计划
管理沟通	1. 沟通管理计划 2. 工作绩效报告 3. 事业环境因素 4. 组织过程资产	1. 沟通技术 2. 沟通模型 3. 沟通方法 4. 信息管理系统 5. 绩效报告	1. 项目沟通 2. 项目管理计划更新 3. 项目文件更新 4. 组织过程资产更新
控制沟通	1. 项目管理计划 2. 项目沟通 3. 问题日志 4. 工作绩效数据 5. 组织过程资产	1. 信息管理系统 2. 专家判断 3. 会议	1. 工作绩效信息 2. 变更请求 3. 项目管理计划更新 4. 项目文件更新 5. 组织过程资产更新

1.10.3 沟通管理计划

沟通管理计划是项目管理计划的组成部分，描述将如何对项目沟通进行规划、结构化和监控。该计划包括如下信息：

（1）通用术语表。

（2）干系人的沟通需求。

（3）需要沟通的信息，包括语言、格式、内容、详细程度。

（4）发布信息的原因。

（5）发布信息及告知收悉或做出回应（如适用）的时限和频率。

（6）负责沟通相关信息的人员。

（7）负责授权保密信息发布的人员。

（8）将要接收信息的个人或小组。

（9）传递信息的技术或方法。

（10）为沟通活动分配的资源，包括时间和预算。

（11）问题升级程序，用于规定下层员工无法解决问题时的上报时限和上报路径。

（12）随项目进展，对沟通管理计划进行更新与优化的方法。

（13）项目信息流向图、工作流程（兼有授权顺序）、报告清单、会议计划等。

（14）沟通制约因素，通常来自特定的法律法规、技术要求和组织政策等。

沟通管理计划中还可包括关于项目状态会议、项目团队会议、网络会议和电子邮件信息等的指南和模板。沟通管理计划中也应包含对项目所用网站和项目管理软件的使用说明。沟通管理计划示例如图 1-10-1 所示。

名称	频率	接收人	信息格式/媒介	交付时间	负责人	签收方式	示例
**集团ISO20000咨询认证项目沟通计划	双周	赵总	书面报告+现场汇报	双周一上午	王子	书面回执	王子
	按需	张经理	内部服务器共享	按需	王子	已读标示	王子
	按需	肖经理	内部服务器共享	按需	王子	已读标示	王子
	按需	吴经理	电子邮件	按需	王子	邮件回复	王子
	按需	姚经理	电子邮件	按需	王子	邮件回复	王子
	按需	朱经理	电子邮件	按需	王子	邮件回复	王子
	按需	康经理	电子邮件	按需	王子	邮件回复	王子
	按需	雷经理	电话沟通	按需	王子	会议纪要	王子
	单周	熊经理	电话沟通	周一上午	王子	会议纪要	王子
	单周	周经理	召开例会	周五上午	王子	会议纪要	王子
	单周	陈主管	召开例会	周五上午	王子	会议纪要	王子

图 1-10-1　沟通管理计划示例

1.10.4　项目沟通

项目沟通可包括（但不限于）绩效报告、可交付成果状态、进度进展情况和已发生的成本。受相关因素的影响，项目沟通可能会变动很大。这些因素包括（但不限于）信息的紧急性和影响、信息传递方法、信息机密程度。

1.10.5　控制沟通阶段的工作绩效信息

控制沟通阶段的工作绩效信息是对收集到的绩效数据的组织和总结。这些绩效数据通常根据干系人所要求的详细程度展示项目状况和进展信息，之后需要向相关的干系人传达工作绩效信息。工作绩效信息示例如图 1-10-2 所示。

WBS 要素	价值			偏差		绩效指数	
	计划价值 （PV）	挣值 （EV）	实际成本 （AC）	进度 （EV-PC）	成本 （EV-AC）	进度 （EeV/PV）	成本 （EVIAC）
1.0 小规模试点计划	63000	58000	62500	（5000）	（4500）	0.92	0.93
2.0 核对表	64000	48000	46800	（16000）	（1200）	0.75	1.03
3.0 课程	23000	20000	23500	（3000）	（3500）	0.87	0.85
4.0 期中评估	68000	68000	72500	0	（4500）	1.00	0.94
5.0 实施支援	12000	10000	10000	（2000）	0	0.83	1.00
6.0 实践手册	7000	6200	6000	800	200	0.89	1.03
7.0 推广计划	20000	13500	18100	6500	（4600）	0.68	0.75
总计	257000	223700	239400	（33300）	（15700）	0.87	0.93

图 1-10-2　工作绩效信息示例

1.10.6　控制沟通阶段的变更请求

控制沟通过程经常导致需要进行调整、采取行动和开展干预，因此，就会生成变更请求这项输出。变更请求需通过实施整体变更控制过程来处理，并可能导致：

● 新的或修订的成本估算、活动排序、进度日期、资源需求和风险应对方案分析。

● 对项目管理计划和文件的调整。

● 提出纠正措施，以使项目预期的未来绩效重新与项目管理计划保持一致。

● 提出预防措施，降低未来出现不良项目绩效的可能性。

1.11　项目干系人管理论文重要知识点

1.11.1　干系人管理过程

项目干系人管理是指对项目干系人需求、希望和期望的识别，并通过沟通上的管理来满足其需要、解决其问题的过程。项目干系人管理将会赢得更多人的支持，从而能够确保项目取得成功。具体来说，项目干系人管理能够带来以下好处：

（1）将会赢得更多的资源，通过项目干系人管理，能够得到更多有影响力的干系人的支持，自然会得到更多的资源。

（2）快速频繁的沟通将能确保对项目干系人需要、希望和期望的完全理解，从某种意义上来说需求管理是项目干系人管理的一部分。

（3）能够预测项目干系人对项目的影响，尽早进行沟通和制订相应的行动计划，以免受到项目干系人的干扰。

项目干系人管理包括四个管理过程。

- 识别干系人：识别能影响项目决策、活动或结果的个人、群体或组织，以及被项目决策、活动或者结果影响的个人、群体或组织，并分析和记录他们的相关信息的过程。

- 规划干系人管理：基于干系人的需求、利益及对项目成功的潜在影响的分析，制订合适的管理策略，以有效调动干系人参与整个项目生命周期的过程。规划干系人管理是一个反复过程，应由项目经理定期开展。

- 管理干系人参与：在整个项目生命周期中，与干系人进行沟通和协作，以满足他的需求与期望，解决实际出现的问题，并促进干系人合理参与项目活动的过程。此过程的作用是帮助项目经理提升来自干系人的支持，并把干系人的抵制降到最低，从而显著提高项目成功的机会。

- 控制干系人参与：全面监督项目干系人之间的关系，调整策略和计划，以调动干系人参与的过程。本过程的作用是随着项目进展和环境变化，维持并提升干系人参与活动的效率和效果。

1.11.2　项目干系人管理过程的输入、工具与技术、输出

项目干系人管理过程的输入、工具与技术、输出具体见表 1-11-1。

表 1-11-1　项目干系人管理过程的输入、工具与技术、输出

过程名	输　入	工具与技术	输　出
识别干系人	1. 项目章程 2. 采购文件 3. 事业环境因素 4. 组织过程资产	1. 组织相关会议 2. 专家判断 3. 干系人分析	干系人登记手册
规划干系人管理	1. 项目管理计划 2. 干系人登记手册 3. 事业环境因素 4. 组织过程资产	1. 组织相关会议 2. 专家判断 3. 干系人分析	1. 干系人管理计划 2. 项目文件更新
管理干系人参与	1. 干系人管理计划 2. 沟通管理计划 3. 变更日志 4. 组织过程资产	1. 沟通方法 2. 人际关系技能 3. 管理技能	1. 问题日志 2. 变更请求 3. 项目管理计划更新 4. 项目文件更新 5. 组织过程资产更新
控制干系人参与	1. 项目管理计划 2. 问题日志 3. 工作绩效数据 4. 项目文件	1. 信息管理系统 2. 专家判断 3. 会议	1. 工作绩效信息 2. 变更请求 3. 项目管理计划更新 4. 项目文件更新 5. 组织过程资产更新

第 1 章

1.11.3　干系人登记手册

用于记录已经识别的干系人的相关详细信息。其中包括基本信息、评估信息、干系人分类。应定期查看并更新干系人登记手册，因为整个项目生命周期中干系人可能发生变化，也可能识别出新的干系人。干系人登记手册示例如图 1-11-1 所示。

定义	姓名	公司	职位	角色	手机	需求	期望	序号
发起人、领导	赵总	电信公司	副总经理	项目发起人	1898810500x			1
	张经理	电信公司	市场部经理	项目经理直属领导	1898810501X			2
团队成员	周经理	电信公司	公众客户部	项目经理	1898810503X			3
	陈主管	电信公司	公众客户部	项目营销主管	1898810504X			4
提供帮助和支持的人，如专家等	朱总工程师	设计院	总工程师	外部专家	1898810508X			5
进行监督检查审计验收的干系人	王经理	电信公司	企发（法务）部	合同审查	1898810512X			6
外部干系人，包括客户、供应商、政府部门、行业协会等	邓超			形象代言人	1898810514X			7
	冯经理	分销商	经理	代理销售	1898810515X			8
	Ammy	苹果公司	中国区经理	设备厂家	1898810516X			9
	肖经理	广告公司	市场部经理	分包商，提供广告策划	1898810519x			10
	吴经理	媒体	市场部经理	分包商，提供媒体宣传	1898810520X			11
	王经理	联通公司	公众客户部	联通公司市场部经理	1898810521X			12
	陈经理	移动公司	公众客户部	移动公司市场部经理	1898810522x			13
内部干系人，职能部门，其他项目人员等	雷经理	电信公司	财务部经理	资金支付	1898810524X			14
	熊经理	电信公司	人力经理	人力提供	1898810525X			15

图 1-11-1　干系人登记手册示例

1.11.4　干系人管理计划

干系人管理计划是指为有效调动干系人参与而制订的管理策略。干系人管理计划通常包括以下方面的内容：

（1）关键干系人的所需参与程度和当前参与程度。

（2）干系人变更的范围和影响。

（3）干系人之间的相互关系和潜在关系。

（4）项目现阶段的干系人沟通需求。

（5）需要分发给干系人的信息。

（6）分发相关信息的理由，以及可能产生的影响。

（7）向干系人发送信息的频率和时限。

（8）随着项目的进展，更新和优化干系人管理计划的方法。

1.11.5　问题日志

问题日志用于记录和监督问题的解决。它可用来促进沟通，确保对问题的共同理解。问题日志记录了由谁来负责在目标日期前解决某特定问题，应该解决哪些妨碍团队实现目标的障碍，这有助于对问题和障碍的监督。问题日志应随着新问题的出现和老问题的解决而动态更新。问题日志示例如图 1-11-2 所示。

编制：项目经理侯宁　　　　　审核：QA 章彬　　　　　　　　　2010-10-24

序号	问题	提出者	负责人	解决的方法	结果	遗留的问题	备注
1	需要道路试验场地	项目经理	项目经理	请求 B 市柳亚明司长协调	申请南郊公用地 300 亩，已得到批准	道路试验场地的规划和施工	需组织道路试验场地项目团队，任命项目经理
2	外汇指标	项目经理	项目经理	请求 B 市柳亚明司长协调	以获得 500 万美元的外汇指标	为了发挥这 500 万美元的作用，还要对外购清单做一次优化	请采购部负责后续外购的进口报关等徐工作
3	罗基汽车造谣	项目经理	公关部苗欣	请专家上电视答疑、辟谣，请老用户现场说法	已在中央台、地方台播出节目，同时网络直播，听众合网民参与。95%的人已得到正确信息	关于安全，还有疑问需要进一步宣讲，必要时请用户代表参与野外道路试验，请他们观看撞车试验	希望公关部苗欣继续支持
...	...						

图 1-11-2　问题日志示例

1.11.6　管理干系人参与阶段的变更请求

在管理干系人参与过程中可能对产品和项目提出变更请求。变更请求可能包括针对项目本身的纠正和预防措施，以及针对与相关干系人的互动的纠正和预防措施。

1.11.7　控制干系人参与阶段的变更请求

在分析项目绩效及干系人互动中，经常提出变更请求。

1.12　项目立项管理论文重要知识点

1.12.1　立项管理过程

项目立项管理是确定是否要启动一个项目，并为其提供预算支持的过程。一般包括项目建议、可行性研究、项目审批、项目招投标、项目合同谈判与签订五个阶段。

项目立项管理包括五个阶段。

- 项目建议阶段：项目建议书（又称立项申请）是项目建设单位向上级主管部门提交项目申请时所必须的文件，是该项目建设筹建单位或项目法人，根据国民经济的发展、国家和地方中长期规划、产业政策、生产力布局、国内外市场、所在地的内外部条件、本单位的发展战略等，提出的某一具体项目的建议文件，是对拟建项目提出的框架性的总体设想。项目建议书是项目发展周期的初始阶段，是国家或上级主管部门选择项目的依据，也是可行性研究的依据。

- 可行性研究阶段：项目可行性研究报告是通过对项目的主要内容和配套条件，如市场需求、资源供应、建设规模、工艺路线、设备选型、环境影响、资金筹措、盈利能力等，从技术、经济、工程等方面进行调查研究和分析比较，并对项目建成以后可能取得的财务、经济效益及社会影响进行预测，从而提出该项目是否值得投资和如何进行建设的咨询意见，为项目决策提供依据的一种综合性的分析方法。可行性研究具有预见性、公正性、可靠性、科学性的特点。

- 项目审批阶段：项目建设单位应依据项目建议书批复，按照《国家电子政务工程建设项目可行性研究报告编制要求》的规定，招标选定或委托具有相关专业甲级资质的工程咨询机构编制项目可行性研究报告，报送项目审批部门。项目审批部门委托有资格的咨询机构评估后审核批复，或报国务院审批后下达批复。

- 项目招投标阶段：在项目获得审批同意后，需要根据《中华人民共和国招标投标法》进行招标，确定承建单位。

- 项目合同谈判与签订阶段：在确定中标人后，即进入合同谈判阶段。合同谈判的方法一般是先谈技术条款，后谈商务条款。

技术谈判的主要内容包括合同技术附件内容、合同实施技术路线、质量评定标准、采购设备、系统报价以及人员投入开发的比重等。商务谈判的主要内容即投标函中的基本条件，包括投标价的优惠条件、质量、工期、服务违约处罚和其他需要谈判的内容。

招标人和中标人应当自中标通知书发出之日起 30 日内，按照招标文件和中标人的投标文件订立书面合同。招标人和中标人不得再行订立背离合同实质性内容的其他协议。合同的条款一般应包括：当事人的名称和地址、标的、数量、质量、价款和报酬、履行期限、地点和方式、违约责任和解决争议的方法等。

1.12.2　项目建议书的核心内容

项目建议书的核心内容包括以下四个方面：

（1）项目的必要性。

（2）项目的市场预测。

（3）产品方案或服务的市场预测。

（4）项目建设必需的条件。

1.12.3　可行性研究的内容

可行性研究主要包括以下方面的内容。

（1）投资必要性：主要根据市场调查及预测的结果，以及有关的产业政策等因素论证项目投资建设的必要性。

（2）技术可行性：主要从项目实施的技术角度，合理设计技术方案，并进行比较、选择和评价。

（3）财务可行性：主要从项目及投资者的角度，设计合理财务方案，从企业理财的角度进行资本预算，评价项目的财务盈利能力，进行投资决策，并从融资主体（企业）的角度评价股东投资收益、现金流量计划及债务偿还能力。

（4）组织可行性：制订合理的项目实施进度计划、设计合理的组织机构、选择经验丰富的管理人员、建立良好的协作关系、制订合适的培训计划等，保证项目顺利执行。

（5）经济可行性：主要是从资源配置的角度衡量项目的价值，评价项目在实现区域经济发展目标、有效配置经济资源、增加供应、创造就业、改善环境、提高人民生活水平等方面的效益。

（6）社会可行性：主要分析项目对社会的影响，包括政治体制、方针政策、经济结构、法律道德、宗教民族、妇女儿童及社会稳定性等。

（7）风险因素及对策：主要是对项目的市场风险、技术风险、财务风险、组织风险、法律风险、经济风险及社会风险等因素进行评价，制订规避风险的对策，为项目全过程的风险管理提供依据。

1.12.4　可行性研究阶段

（1）机会可行性研究的主要任务是对投资项目或投资方向提出建议，并对各种设想的项目和投资机会做出鉴定，其目的是激发投资者的兴趣，寻找最佳投资机会。

（2）初步可行性研究是介于机会研究和详细可行性研究的一个中间阶段。是在项目意向确定之后，对项目的初步估计。初步可行性研究的结果及研究的主要内容基本与详细可行性研究相同，所不同的是占有的资源细节有较大差异。

（3）详细可行性研究是在初步可行性研究基础上认为项目基本可行，对项目各方面的详细材料进行全面地搜集和分析，对不同的项目实现方案进行综合评判，并对项目建成后的绩效进行科学的预测，为项目立项决策提供确切依据。详细可行性研究需要对一个项目的技术、经济、环境依据社会影响进行深入调查研究，是一项费时、费力且需一定资金支持的工作，特别是大型的或比较复杂的项目。

1.12.5　项目论证

"先论证，后决策"是现代项目管理的基本原则。项目论证应该围绕着市场需求、开发技术、财务经济三个方面展开调查和分析，市场是前提、技术是手段、财务经济是核心。

项目论证的作用：

- 项目论证是确定项目能否实施的依据。
- 项目论证是筹措资金、向银行贷款的依据。
- 项目论证是编制计划、设计、采购、施工以及机构设备、资源配置的依据。
- 项目论证是防范风险、提高项目效率的重要保证。

项目论证的内容：

（1）项目运行环境评价。

（2）项目技术评价。

（3）项目财务评价。

（4）项目国民经济评价。

（5）项目环境评价。

（6）项目社会影响评价。

（7）项目不确定性和风险评价。

（8）项目综合评价等。

1.12.6　项目评估

项目评估指在项目可行性研究的基础上，由第三方（国家、银行或有关机构）进行的评估过程。其目的是审查项目可行性研究的可靠性、真实性和客观性，为银行的贷款决策或行政主管部门的审批决策提供科学依据。

1.12.7　项目招投标

（1）招标。招标可分为公开招标、邀请招标和招标代理等。

公开招标：是指招标人以招标公告的方式邀请不特定的法人或者其他组织投标。

邀请招标：是指招标人以投标邀请书的方式邀请特定的法人或者其他组织投标。

招标代理：招标人有权自行选择招标代理机构，委托其办理招标事宜。任何单位和个人不得以任何方式为招标人指定招标代理机构。

（2）投标。投标活动流程一般分三步。

第一步：编制标书。投标人少于三个的，招标人应当依照本法重新招标。在招标文件要求提交投标文件的截止时间后送达的投标文件，招标人应当拒收。

第二步：递交标书。投标人应当在招标文件要求提交投标文件的截止时间前，将投标文件送达投标地点。在截止时间后送达的投标文件，即已经过了招标有效期的，招标人应当原封退回，不得进入开标阶段。

第三步：标书的签收。招标人收到标书以后应当签收，且必须履行完备的签收、登记和备案手续，任何人不得开启投标文件。

（3）评标。评标由评标委员会负责。评标委员会由具有高级职称或同等专业水平的技术、经济等相关领域专家、招标人和招标机构代表等 5 人以上单数组成，其中技术、经济等方面专家人数不得少于成员总数的 2/3。

（4）选定项目承建方。中标人的投标应当符合下列条件之一。

第一，能最大限度地满足招标文件中规定的各项综合评价标准；第二，能满足招标文件的实质性要求，并且经评审的投标价格最低，但是投标价格低于成本的除外。

中标人确定后，招标人应当向中标人发出中标通知书，并同时将中标结果通知所有未中标的投标人。中标通知书对招标人和中标人具有法律效力。

（5）合同签订。招标人和中标人应当自中标通知书发出之日起 30 日内，按照招标文件和中标人的投标文件订立书面合同。招标人和中标人不得再订立背离合同实质性内容的其他协议。

1.12.8　供应商项目立项

系统集成商进行项目立项主要有以下几个原因：

（1）通过立项方式为项目分配资源。

（2）通过立项方式确定合理的项目绩效目标，有助于提升人员的积极性。

（3）以项目型工作方式，提升项目实施效率。

系统集成供应商在进行项目内部立项时一般包括的内容有项目资源估算、项目资源分配、准备项目任务书和任命项目经理等。

招标文件评分表示例见表 1-12-1。

表 1-12-1　招标文件评分表示例

序号	项目	分值分配	内容	满分	评分	备注
一	综合评价	30	（1）投标公司综合评价 优：8 分；良：5 分；中：3 分；差：0 分	8		
			（2）业绩经历评价 优：5 分；良：3 分；中：1 分；差：0 分	5		
			（3）人员综合评价 优：5 分；良：3 分；中：1 分；差：0 分	5		
			（4）财务状况 优：2 分；良：1 分；中：0.5 分；差：0 分	2		
			（5）履约情况 优：10 分；良：7 分；中：4 分；差：0 分	10		
二	商务部分评价	30	1．资质等级及基本情况 （1）提供资料完整 3 分；不完整 0 分 （2）综合性资源是否丰富，丰富 4 分，一般 2 分； （3）无处罚及通报批判 3 分	10		

续表

序号	项目	分值分配	内容	满分	评分	备注
二	商务部分评价	30	2. 行业经历 （1）是否服务过世界 500 强企业，是 10 分，不是 0 分； （2）是否与当地政府部门有良好的配合关联，是 10 分，不是 0 分	20		
三	策划设计及报价	40	（1）策划方案及设计方案提交规格是否正确 2 分； （2）策划方案思路清楚、有创意、切合主题符合××小区实际适用 10 分； （3）设计方案构图完美，有创意，画面唯美 8 分； （4）应用设计报价及执行能力方案 20 分	40		
	总计	100		100		

1.13 项目配置管理论文重要知识点

1.13.1 配置管理过程

配置管理是为了系统地控制配置变更，在系统的整个生命周期中维持配置的完整性和可跟踪性，而标识系统在不同时间点上配置的学科。在（GB/T 11457－2006）中，将"配置管理"正式定义为："应用技术的和管理的指导和监控方法以标识和说明配置项的功能和物理特征，控制这些特征的变更，记录和报告变更处理和实现状态并验证与规定的需求的遵循性。"

配置管理包括 6 个主要活动：制订配置管理计划、配置标识、配置控制、配置状态报告、配置审计、发布管理和交付。

1. 制订配置管理计划

它是对如何开展项目配置管理工作的规划，是配置管理过程的基础，应该形成文件并在整个项目生命周期内处于受控状态。配置控制委员会负责审批该计划。

配置管理计划的主要内容有：

（1）配置管理活动，覆盖的主要活动包括配置标识、配置控制、配置状态报告、配置审计、发布管理与交付。

（2）实施这些活动的规范和流程。

（3）实施这些活动的进度安排。

（4）负责实施这些活动的人员或组织，以及他们和其他组织的关系。

2. 配置标识（Configuration Identification）

也称配置识别，包括为系统选择配置项并在技术文档中记录配置项的功能和物理特征。

配置标识是配置管理员的职能，基本步骤如下：

（1）识别需要受控的配置项。

（2）为每个配置项指定唯一性的标识号。

（3）定义每个配置项的重要特征。

（4）确定每个配置项的所有者及其责任。

（5）确定配置项进入配置管理的时间和条件。

（6）建立和控制基线。

3. 配置控制（Configuration Control）

即配置项和基线的变更控制，包括下述任务：

（1）标识和记录变更申请。

（2）分析和评价变更。

（3）批准或否决申请。

（4）实现、验证和发布已修改的配置项。

4. 配置状态报告（Configuration Status Reporting）

也称配置状态统计（Configuration Status Accounting），其任务是有效地记录和报告管理配置所需要的信息，目的是及时、准确地给出配置项的当前状况，供相关人员了解，以加强配置管理工作。配置状态报告应该包含以下内容：

（1）每个受控配置项的标识和状态。一旦配置项被置于配置控制下，就应该记录和保存它的每个后继进展的版本和状态。

（2）每个变更申请的状态和已批准的修改的实施状态。

（3）每个基线的当前和过去版本的状态以及各版本的比较。

（4）其他配置管理过程活动的记录。

5. 配置审计（Configuration Audit）

也称配置审核或配置评价，包括功能配置审计和物理配置审计，分别用以验证当前配置项的一致性和完整性。

配置审计的实施是为了确保项目配置管理的有效性，体现了配置管理的最根本要求——不允许出现任何混乱现象，例如：

（1）防止向用户提交不适合的产品，如交付了用户手册的不正确版本。

（2）发现不完善的实现，如开发出不符合初始规格说明或未按变更请求实施变更。

（3）找出各配置项间不匹配或不相容的现象。

（4）确认配置项已在所要求的质量控制审核之后纳入基线并入库保存。

（5）确认记录和文档保持着可追溯性。

6. 发布管理和交付

发布管理和交付活动的主要任务是：有效控制软件产品和文档的发行和交付，在软件产品的生存期内妥善保存代码和文档的母拷贝。

（1）存储。应通过下述方式确保存储的配置项的完整性。

1）选择存储介质使再生差错或损坏降至最低限度。

2）根据媒体的存储期，以一定频次运行或刷新已存档的配置项。

3）将副本存储在不同的受控场所，以减少丢失的风险。

（2）复制。复制是用拷贝方式制造软件的阶段。

1）应建立规程以确保复制的一致性和完整性。

2）应确保发布用的介质不含无关项（如软件病毒或不适合演示的测试数据）。

3）应使用适合的介质以确保软件产品符合复制要求，确保其在整个交付期中内容的完整性。

（3）打包。应确保按批准的规程制备交付的介质。应在需方容易辨认的地方清楚标出发布标识。

（4）交付。供方应按合同中的规定交付产品或服务。

（5）重建。应能重建软件环境，以确保发布的配置项在所保留的先前版本要求的未来一段时间里是可重新配置的。

1.13.2　配置项

（GB/T11457－2006）对配置项的定义为："为配置管理设计的硬件、软件或二者的集合，在配置管理过程中作为单个实体来对待。"

典型配置项包括项目计划书、需求文档、设计文档、源代码、可执行代码、测试用例、运行软件所需的各种数据，它们经评审和检查通过后进入配置管理。

所有配置项都应按照相关规定统一编号，按照相应的模板生成，并在文档中的规定章节（部分）记录对象的标识信息。在引入配置管理工具进行管理后，这些配置项都应以一定的目录结构保存在配置库中。

所有配置项的操作权限应由 CMO（配置管理员）严格管理，基本原则是：基线配置项向开发人员开放读取权限；非基线配置项向 PM、CCB 及相关人员开放读取权限。

1.13.3　基线

配置基线（常简称为基线）由一组配置项组成，这些配置项构成一个相对稳定的逻辑实体。基线中的配置项被"冻结"了，不能再被任何人随意修改。对基线的变更必须遵循正式的变更控制程序。

一组拥有唯一标识号的需求、设计、源代码文卷以及相应的可执行代码、构造文卷和用户文档构成一条基线。产品的测试版本（可能包括需求分析说明书、概要设计说明书、详细设计说明书、已编译的可执行代码、测试大纲、测试用例、使用手册等）是基线的一个例子。

基线通常对应于开发过程中的里程碑（Milestone），一个产品可以有多个基线，也可以只有一个基线。交付给外部顾客的基线一般称为发行基线（Release），内部开发使用的基线一般称为构造基线（Build）。

1.13.4　配置项状态

配置项的状态可分为"草稿""正式"和"修改"三种。配置项刚建立时，其状态为"草稿"。

配置项通过评审后，其状态变为"正式"。此后若更改配置项，则其状态变为"修改"。当配置项修改完毕并重新通过评审时，其状态又变为"正式"。

1.13.5　配置项版本号

配置项的版本号规则与配置项的状态相关。

（1）处于"草稿"状态的配置项的版本号格式为 0.YZ，YZ 的数字范围为 01～99。随着草稿的修正，YZ 的取值应递增。YZ 的初值和增幅由用户自己把握。

（2）处于"正式"状态的配置项的版本号格式为 X.Y，X 为主版本号，取值范围为 1～9。Y 为次版本号，取值范围为 0～9。

配置项第一次成为"正式"文件时，版本号为 1.0。

如果配置项升级幅度比较小，可以将变动部分制作成配置项的附件，附件版本依次为 1.0,1.1,…。当附件的变动积累到一定程度时，配置项的 Y 值可适量增加，Y 值增加一定程度时，X 值将适量增加。当配置项升级幅度比较大时，才允许直接增大 X 值。

（3）处于"修改"状态的配置项的版本号格式为 X.YZ。配置项正在修改时，一般只增大 Z 值，X.Y 值保持不变。当配置项修改完毕，状态成为"正式"时，将 Z 值设置为 0，增加 X.Y 值。参见上述规则（2）。

1.13.6　配置库

配置库（Configuration Library）存放配置项并记录与配置项相关的所有信息，是配置管理的有力工具，利用库中的信息可回答许多配置管理的问题。配置库可以分开发库、受控库、产品库 3 种类型。

（1）开发库（Development Library），也称为动态库、程序员库或工作库，用于保存开发人员当前正在开发的配置实体，如新模块、文档、数据元素或进行修改的已有元素。动态中的配置项被置于版本管理之下。动态库是开发人员的个人工作区，由开发人员自行控制。库中的信息可能有较为频繁的修改，只要开发库的使用者认为有必要，无需对其进行配置控制，因为这通常不会影响到项目的其他部分。

（2）受控库（Controlled Library），也称为主库，包含当前的基线加上对基线的变更。受控库中的配置项被置于完全的配置管理之下。在信息系统开发的某个阶段工作结束时，将当前的工作产品存入受控库。

（3）产品库（Product Library），也称为静态库、发行库、软件仓库，包含已发布使用的各种基线的存档，被置于完全的配置管理之下。在开发的信息系统产品完成系统测试之后，作为最终产品存入产品库内，等待交付用户或现场安装。

1.13.7　配置库权限设置

配置库的权限设置主要是解决库内存放的配置项什么人可以"看"、什么人可以"取"、什么人可以"改"、什么人可以"销毁"等问题。配置管理员负责为每个项目成员分配对配置库的操作权限。

1.13.8　配置库的建库模式

配置库的建库模式有两种，按配置项类型建库和按任务建库。

（1）按配置项的类型分类建库，适用于通用软件的开发组织。在这样的组织内，往往产品的继承性较强，工具比较统一，对并行开发有一定的需求。使用这样的库结构有利于对配置项统一管理和控制，同时也能提高编译和发布的效率。但由于这样的库结构并不是面向各个开发团队的开发任务的，所以可能会造成开发人员的工作目录结构过于复杂，带来一些不必要的麻烦。

（2）按开发任务建立相应的配置库，适用于专业软件的开发组织。在这样的组织内，使用的开发工具种类繁多，开发模式以线性发展为主，所以就没有必要把配置项严格地分类存储，人为增加目录的复杂性。对于研发性的软件组织来说，采用这种设置策略比较灵活。

1.13.9　配置控制委员会

配置控制委员会（Configuration Control Board，CCB），负责对配置变更做出评估、审批以及监督已批准变更的实施。通常，CCB 不只控制配置变更，还负责更多的配置管理任务，例如：配置管理计划审批、基线设立审批、产品发布审批等。

1.13.10　配置管理员

配置管理员（Configuration Management Officer，CMO），负责在整个项目生命周期中进行配置管理活动，具体有：
- 编写配置管理计划。
- 建立和维护配置管理系统。
- 建立和维护配置库。
- 配置项识别。
- 版本管理和配置控制。
- 配置状态报告。
- 配置审计。
- 发布管理和交付。
- 对项目成员进行配置管理培训。

1.13.11　物理配置审计

物理配置审计（Physical Configuration Audit）是审计配置项的完整性（配置项的物理存在是否与预期一致），具体验证如下几个方面。
- 要交付的配置项是否存在。

● 配置项中是否包含了所有必需的项目。

1.13.12　功能配置审计

功能配置审计（Functional Configuration Audit）是审计配置项的一致性（配置项的实际功效是否与其需求一致），具体验证以下几个方面：

● 配置项的开发已圆满完成。
● 配置项已达到配置标识中规定的性能和功能特征。
● 配置项的操作和支持文档已完成并且是符合要求的。

1.13.13　配置变更流程

1．变更申请

变更申请主要就是陈述要做什么变更，为什么要做，以及打算怎么做变更。

相关人员如项目经理填写变更申请表，说明要变更的内容、变更的原因、受变更影响的关联配置项和有关基线、变更实施方案、工作量和变更实施人等，并提交给 CCB。

2．变更评估

CCB 负责组织对变更申请进行评估并确定以下内容：

● 变更对项目的影响。
● 变更的内容是否必要。
● 变更的范围是否考虑周全。
● 变更的实施方案是否可行。
● 变更工作量估计是否合理。

CCB 决定是否接受变更，并将决定通知相关人员。

3．通告评估结果

CCB 把关于每个变更申请的批准、否决或推迟的决定通知受此处置意见影响的每个干系人。

如果变更申请得到批准，应该及时把变更批准信息和变更实施方案通知给那些正在使用受影响的配置项和基线的干系人。

如果变更申请被否决，应通知有关干系人放弃该变更申请。

4．变更实施

项目经理组织修改相关的配置项，并在相应的文档或程序代码中记录变更信息。

5．变更验证与确认

项目经理指定人员对变更后的配置项进行测试或验证。项目经理应将变更与验证的结果提交给 CCB，由其确认变更是否已经按要求完成。

6．变更的发布

配置管理员将变更后的配置项纳入基线。配置管理员将变更内容和结果通知相关人员，并做好记录。

7. 基于配置库的变更控制

现以某软件产品升级为例，简述其流程。

（1）将待升级的基线（假设版本号为 V2.1）从产品库中取出，放入受控库。

（2）程序员将欲修改的代码段从受控库中检出（Checkout），放入自己的开发库中进行修改。代码被 Checkout 后即被"锁定"，以保证同一段代码只能同时被一个程序员修改，如果甲正对其修改，乙就无法 Checkout。

（3）程序员将开发库中修改好的代码段检入（Checkin）受控库。Checkin 后，代码的"锁定"被解除，其他程序员可以 Checkout 该段代码。

（4）软件产品的升级修改工作全部完成后，将受控库中的新基线存入产品库中（软件产品的版本号更新为 V2.2，旧的 V2.1 版并不删除，继续在产品库中保存）。

1.14　项目合同管理论文重要知识点

1.14.1　合同管理过程

合同管理是管理建设方和承建方（委托方与被委托方，买方与卖方）的关系，保证承建方的实际工作满足合同要求的过程。加强合同管理对于提高合同水平、减少合同纠纷、加强和改善建设单位和承建单位的经营管理、提高经济效益，都具有十分重要的意义。

合同管理包括合同的签订管理、合同的履行管理、合同的变更管理、合同的档案管理、合同违约索赔管理。

1. 合同的签订管理

为了使签约各方对合同有一致的理解，建议如下：

（1）使用国家或行业标准的合同格式。

（2）对合同标的的描述务必要达到准确、简练、清晰的标准，切忌含糊不清。

（3）对合同中质量条款应具体写清规格、型号、适用的标准等，避免合同订立后因为适用标准是采用国际、国家、地方、行业还是其他标准等问题产生纠纷。

（4）对于合同中需要变更、转让、解除等内容也应详细说明。

（5）如果合同有附件，对于附件的内容也应精心准备，并注意保持与主合同一致，不要相互之间产生矛盾。

（6）对于既有投标书，又有正式合同书、附件等包含多项内容的合同，要在条款中列明适用顺序。

（7）为避免合同纠纷，保证合同订立的合法性、有效性，当事人可以将签订的合同拿到公证机关进行公证。

（8）避免方案变更导致工程变更，从而引发新的误解。

（9）注意合同内容的前后一致性。

2. 合同的履行管理

本过程包括对合同的履行情况进行跟踪管理,主要指对合同当事人按合同规定履行应尽的义务和应尽的职责进行检查,及时、合理地处理和解决合同履行过程中出现的问题,包括合同争议、合同违约和合同索赔等事宜。

在解决合同争议的方法中,其优先顺序为谈判(协商)、调解、仲裁、诉讼。

3. 合同的变更管理

合同变更是指由于一定的法律事实而改变合同的内容的法律行为,一般具备以下条件才可以变更合同:①双方当事人协商,并且不因此而损坏国家和社会利益;②由于不可抗拒力导致合同义务不能执行;③由于另一方在合同约定的期限内没有履行合同,并且在被允许的推迟履行期限内仍未履行。

4. 合同的档案管理

合同档案管理(文本管理)是整个合同管理的基础。合同档案管理还包括正本和副本管理、合同文件格式等内容。在文本格式上,为了限制执行人员随意修改合同,一般要求采用电脑打印文本,手写的旁注和修改等不具有法律效力。

5. 合同违约索赔管理

索赔和反索赔统称为合同索赔。其中按索赔的目的分类,可分为工期索赔和费用索赔。工期索赔就是要求买方延长项目工期,使原规定的完工日期顺延,从而避免违约罚金的发生;费用索赔就是要求买方(或卖方)补偿费用损失,进而调整合同价款。

合同索赔的重要前提条件是合同一方或双方存在违约行为和事实,并且由此造成了损失,责任应由对方承担。对提出的合同索赔,凡属于客观原因造成的延期,且买方又无法预见的情况,如特殊反常天气达到合同中特殊反常天气的约定条件,卖方可能得到延长工期,但得不到费用补偿。对于属于买方的原因造成拖延工期,不仅应给卖方延长工期,还应给予费用补偿。

索赔是合同管理的重要环节,应按以下原则进行索赔。

第一,索赔必须以合同为依据。遇到索赔事件时,以合同为依据来公平处理合同双方的利益纠纷。

第二,必须注意资料的积累。积累一切可能涉及索赔论证的资料,做到处理索赔时以事实和数据为依据。

第三,及时、合理地处理索赔。索赔发生后,必须依据合同的相应条款及时地对索赔进行处理,尽量将单项索赔在执行过程中陆续加以解决。

第四,加强索赔的前瞻性。在项目执行过程中,应对可能引起的索赔进行预测,及时采取补救措施,避免过多索赔事件的发生。

1.14.2 项目合同的分类

以项目的范围为标准划分,可以分为项目总承包合同、项目单项承包合同和项目分包合同三类。

(1)项目总承包合同。采用总承包合同的方式一般适用于经验丰富、技术实力雄厚且组织管理协调能力强的卖方,这样有利于发挥卖方的专业优势,保证项目的质量和进度,提高投资效益。采用这种方式,买方只需与一个卖方沟通,容易管理与协调。

（2）项目单项承包合同。一个卖方只承包项目中的某一项或某几项内容，买方分别与不同的卖方订立项目单项承包合同。采用项目单项承包合同的方式有利于吸引更多的卖方参与投标竞争，使买方可以选择在某一单项上实力强的卖方。同时也有利于卖方专注于自身经验丰富且技术实力雄厚的部分的建设，但这种方式对于买方的组织管理协调能力提出了较高的要求。

（3）项目分包合同。订立分包合同须满足五个条件：经过买方认可；分包的部分必须是项目非主体工作；只能分包部分项目，而不能转包整个项目；分包方必须具备相应的资质条件；分包方不能再次分包。

按项目付款方式划分通常可将合同分为两大类，即总价合同和成本补偿合同。还有第三种常用合同类型，即混合型的工料合同。

（1）总价合同。总价合同又称固定价格合同，是指在合同中确定一个完成项目的总价，承包人据此完成项目全部合同内容的合同。总价合同又分为以下三类。

1）固定总价合同。固定总价合同（FFP）是最常用的合同类型，大多数买方都喜欢这种合同，因为采购的价格在一开始就被确定，并且不允许改变（除非工作范围发生变更）。因合同履行不好而导致的任何成本增加都由卖方承担。

2）总价加激励费用合同。总价加激励费用合同（FPIF）允许有一定的绩效偏差，并对实现既定目标给予财务奖励，要设置一个价格上限，卖方必须完成工作并且要承担高于上限的全部成本。

3）总价加经济价格调整合同。如果卖方履约要跨越相当长的周期（数年），就应该使用总价加经济价格调整合同（FP-EPA）。如果买方和卖方之间要维持多种长期关系，也可以采用这种合同类型。

（2）成本补偿合同。成本补偿合同又可分为成本加固定费用合同、成本加激励费用合同、成本加奖励费用合同三类。

1）成本加固定费用合同。成本加固定费用合同（CPFF）为卖方报销履行合同工作所发生的一切合法成本（即成本实报实销），并向卖方支付一笔固定费用作为利润，该费用以项目初始估算成本（目标成本）的某一百分比计算。

2）成本加激励费用合同。成本加激励费用合同（CPIF）为卖方报销履行合同工作所发生的一切合法成本（即成本实报实销），并在卖方达到合同规定的绩效目标时，向卖方支付预先确定的激励费用。

在 CPIF 合同下，如果实际成本大于目标成本，卖方可以得到的付款总数为"目标成本+目标费用+买方应负担的成本超支"；如果实际成本小于目标成本，则卖方可以得到的付款总数为"目标成本+目标费用-买方应享受的成本节约"。

3）成本加奖励费用合同。成本加奖励费用合同（CPAF）为卖方报销履行合同工作所发生的一切合法成本（即成本实报实销），买方再凭自己的主观感觉给卖方支付一笔利润，完全由买方根据自己对卖方绩效的主观判断来决定奖励费用，并且卖方通常无权申诉。

（3）工料合同。工料合同（T&M）是指按项目工作所花费的实际工时数和材料数，按事先确定的单位工时费用标准和单位材料费用标准进行付款。这类合同适用于工作性质清楚，工作范围比较明确，但具体的工作量无法确定的项目。在这种合同下，买方承担中等程度的成本风险，即承担工作量变动的风险，而卖方则承担单价风险。因此，工料合同在金额小、工期短、不复杂的项目上可以有效使用。

1.14.3　合同的内容

一般情况下，项目合同的具体条款由当事人各方自行约定。总的来说，应包括以下各项：项目名称；标的内容和范围；项目的质量要求；项目的计划、进度、地点、地域和方式；项目建设过程中的各种期限；技术情报和资料的保密；风险责任的承担；技术成果的归属；验收的标准和方法；价款、报酬（或使用费）及其支付方式；违约金或者损失赔偿的计算方法；解决争议的方法；名词术语解释。

1.14.4　有效合同与无效合同的特点

有效合同应具备以下特点：①签订合同的当事人应当具有相应的民事权利和民事行为能力；②意思表示真实；③不违反法律或社会公共利益。

无效合同通常具备以下任一情形：①一方以欺诈、胁迫的手段订立合同；②恶意串通，损害国家、集体或者第三人的利益；③以合法形式掩盖非法目的；④损害社会公共利益；⑤违反法律、行政法规的强制性规定。

1.14.5　合同索赔的流程

项目发生索赔事件后，一般先由监理工程师调解，若调解不成，由政府建设主管机构进行调解，若仍调解不成，由经济合同仲裁委员会进行调解或仲裁。在整个索赔过程中，遵循的原则是索赔的有理性、索赔依据的有效性、索赔计算的正确性。索赔具体流程如下。

第一，提出索赔要求。当出现索赔事项时，索赔方以书面的索赔通知书形式，在索赔事项发生后的 28 天内，向监理工程师正式提出索赔意向通知。

第二，报送索赔资料。在索赔通知书发出后的 28 天内，向监理工程师提出延长工期和（或）补偿经济损失的索赔报告及有关资料。索赔报告的内容主要有总论部分、根据部分、计算部分和证据部分。

第三，监理工程师答复。监理工程师在收到送交的索赔报告有关资料后，于 28 天内给予答复，或要求索赔方进一步补充索赔理由和证据。

第四，监理工程师逾期答复后果。监理工程师在收到承包人送交的索赔报告的有关资料后 28 天未予答复或未对承包人作进一步要求，视为该项索赔已经认可。

第五，持续索赔。当索赔事件持续进行时，索赔方应当阶段性地向监理工程师发出索赔意向，在索赔事件终了后 28 天内，向监理工程师送交索赔的有关资料和最终索赔报告，监理工程师应在 28 天内给予答复或要求索赔方进一步补充索赔理由和证据。逾期未答复，视为该项索赔成立。

第六，仲裁与诉讼。监理工程师对索赔的答复，索赔方或发包人不能接受，即进入仲裁或诉讼程序。

1.15　项目变更管理论文重要知识点

1.15.1　变更管理过程

项目变更管理指在信息系统工程建设项目的实施过程中,由于项目环境或者其他的原因而对项目的功能、性能、架构、技术指标、集成方法、项目进度等方面做出的改变。

变更管理的实质,是根据项目推进过程中越来越丰富的项目认知,不断调整项目努力方向和资源配置,最大程度地满足项目需求,提升项目价值。

项目变更管理包括八个过程。

1.　提出与接受变更申请

变更提出应当及时以正式方式进行,并留下书面记录。变更的提出可以是各种形式,但在评估前应以书面形式提出。项目的干系人都可以提出变更申请,但一般情况下都需要经过指定人员进行审批,一般项目经理,或者项目配置管理员负责该相关信息的收集,以及对变更申请的初审。

2.　对变更的初审

变更初审的目的包括:①对变更提出方施加影响,确认变更的必要性,确保变更是有价值的;②格式校验,完整性校验,确保评估所需信息准备充分;③在干系人间就提出供评估的变更信息达成共识。

变更初审的常见方式为变更申请文档的审核流转。

3.　变更方案论证

变更方案的主要作用,首先是对变更请求能否实现进行论证,如果可能实现,则将变更请求由技术要求转化为资源需求,以供 CCB 决策。常见的方案内容包括技术评估和经济评估,前者评估需求如何转化为成果,后者评估变更方面的经济价值和潜在的风险。

对于一些大型的变更,可以召开相关的变更方案论证会议,聘请相关技术和经济方面的专家进行相关论证,并将相关专家意见作为项目变更方案的一部分,报项目变更控制委员会作为决策参考。

4.　CCB 审查

审查过程,是项目所有者根据变更申请及评估方案,决定是否变更项目基准。评审过程常包括客户、相关领域的专业人士等。审查通常是文档会签形式,重大的变更审查可以包括正式会议形式。

审查过程应注意分工,项目投资人虽有最终的决策权,但通常技术上并不专业。所以应当在评审过程中将专业评审、经济评审分开,对涉及项目目标和交付成果的变更,客户的意见应放在核心位置。

5.　发出变更通知并组织实施

评审通过,意味着基准的调整,同时确保变更方案中的资源需求及时到位。

基准的调整,包括项目目标的确认,最终成果、工作内容和资源、进度计划的调整。需要强调的是,变更的通知,不只是包括项目实施基准的调整,更要明确项目的交付日期、成果对相关干系人的影响。如变更造成交付期的调整，应在变更确认时发布，而非在交付前公布。

6. 变更实施的监控

要监控的除了调整过的基准与涉及变更的内容外，还应当对项目的整体基准是否反映项目实施情况负责。通过监控行动，确保项目的整体实施工作是受控的。

变更实施的过程监控，通常由项目经理负责基准的监控。管理委员会监控变更明确的主要成果、进度里程碑等，可以通过监理单位完成。

7. 变更效果的评估

变更评估可以从以下几个方面进行评估：①首要的评估依据，是项目的基准；②还需结合变更的初衷来看，变更所要达到的目的是否已达成；③评估变更方案中的技术论证、经济论证内容与实施过程的差距并及时解决。

8. 判断发生变更后的项目是否已纳入正常轨道

基准调整后，需要确认的是资源配置是否及时到位，涉及人员的调整，更需多加关注。之后对项目的整体监控应按新的基准进行。涉及变更的项目范围及进度，在变更后的紧邻监控中，应更多的关注，当确认新的基准已经生效则按正常的项目实施流程进行。

1.15.2　变更的常见原因

● 产品范围（成果）定义的过失或者疏忽。
● 项目范围（工作）定义的过失或者疏忽。
● 增值变更。
● 应对风险的紧急计划或回避计划。
● 项目执行过程与基准要求不一致带来的被动调整。
● 外部事件。

1.15.3　变更管理的原则

变更管理的原则是项目基准化、变更管理过程规范化。包括以下内容。

1. 基准管理

基准是变更的依据。在项目实施过程中，基准计划确定并经过评审后（通常用户应参与部分评审工作），建立初始基准。此后每次变更通过评审后，都应重新确定基准。

2. 变更控制流程化

建立或选用符合项目需要的变更管理流程，所有变更都必须遵循这个控制流程进行控制。流程化的作用在于将变更的原因、专业能力、资源运用方案、决策权、干系人的共识、信息流转等元素有效综合起来，按科学的顺序进行。

3. 明确组织分工

至少应明确变更相关工作的评估、评审、执行的职能。

4. 评估变更的可能影响

变更的来源是多样的,既需要完成对客户可视的成果、交付期等变更操作,还需要完成对客户不可视的项目内部工作的变更,如实施方的人员分工、管理工作、资源配置等。

5. 妥善保存变更产生的相关文档

需确保其完整、及时、准确、清晰,适当时可以引入配置管理工具,国内使用较多的配置工具有 Rational ClearCase、Visual SourceSafe 和 Concurrent Versions System。

1.15.4 变更组织机构

规范的项目实施,提倡分权操作。出资方与项目实施方之间,在基准计划中应明确资源的配置约定,通常共识的工作部分由项目实施方按基准执行,操作权授予项目经理;而项目的储备资源属未授权部分,支持项目中的变化操作,权利属项目出资人,项目中的代表人为管理委员会。

变更申请人:变更申请人是提出变更申请的相关人员,项目的任何干系人都可以提出变更申请,在系统集成项目中,项目变更申请人多是甲方项目负责人,也有乙方项目经理在项目执行和监控过程中提出变更申请。

项目控制委员会(CCB——Change Control Board)或配置控制委员会(CCB):或相关职能的类似组织是项目的所有者权益代表,负责裁定接受哪些变更。CCB 由项目所涉及的多方人员共同组成,通常包括用户和实施方的决策人员。

CCB 是决策机构,不是作业机构;通常 CCB 的工作是通过评审手段来决定项目基准是否能变更,但不提出变更方案。

项目经理:项目经理是受业主委托对项目经营过程负责的人员,其正式权力由项目章程取得,而资源调度的权力通常由基准中明确。基准中不包括的储备资源需经授权人批准后方可使用。

项目经理在变更中的作用,是响应变更提出者的需求,评估变更对项目的影响及应对方案,将需求由技术要求转化为资源需求,供授权人决策;并据评审结果实施即调整基准。确保项目基准反映项目实施情况。

变更实施人:变更实施人是实施已批准的变更的相关人员,变更申请内容不同,相应的变更实施人员也不同,变更实施人负责执行已批准的变更,也要参与变更正确性的确认工作。

配置管理员:变更过程的相关产物应纳入配置管理系统中。配置管理员负责把变更后的基准纳入整个项目基准中,变更过程中的其他记录文件也应纳入配置管理系统。

1.15.5 版本发布前的准备工作

版本发布前的准备工作包括:①进行相关的回退分析;②备份版本发布所涉及的存储过程、函数等其他数据的存储及回退管理;③备份配置数据,包括数据备份的方式,如 Dmp 方式;④备份在线生产平台接口、应用、工作流等版本;⑤启动回退机制的触发条件;⑥对变更回退的机制职责的说明,如通知相关部门,确定需要回退的关联系统和回退时间点等。

1.16　信息安全管理论文重要知识点

1.16.1　安全管理过程

信息安全是指保护信息的保密性、完整性、可用性，以及其他属性。

保密性：是指信息不被泄露给未授权的个人、实体和过程或不被其使用的特性。数据的保密性可以通过下列技术来实现：最小授权原则、防暴露、信息加密、物理加密。

完整性：是指保护资产的正确和完整的特性。简单地说，就是确保接收到的数据就是发送的数据，数据不应该被改变。确保数据完整性的技术包括：协议、纠错编码方法、密码校验和方法、数字签名、公证。

可用性：是指需要时，授权实体可以访问和使用的特性。确保可用性的技术有：磁盘和系统的容错，可接受的登录及进程性能、可靠的功能性、安全进程和机制、数据冗余及备份。

保密性、完整性和可用性是信息安全最为关注的三个属性，也被称为信息安全三元组。这也是信息安全通常所强调的目标。

1.16.2　信息系统安全策略

信息系统安全策略的核心内容就是"七定"，即定方案、定岗、定位、定员、定目标、定制度、定工作流程。按照系统安全策略"七定"的要求，系统安全策略首先要解决定方案，其次就是定岗。

1.16.3　木桶效应

木桶效应的观点是将整个信息系统比作一个木桶，其安全水平是由构成木桶的最短的那块木板决定的。同时，保护信息系统的各个安全要素是同等重要的，各方面要素均不容忽视。

1.16.4　计算机信息系统安全保护等级划分准则

《计算机信息系统安全保护等级划分准则》是建立安全等级保护制度、实施安全等级管理的重要基础性标准，它将计算机信息系统分为以下五个安全保护等级。计算机信息系统安全保护等级划分准则见表 1-16-1。

表 1-16-1　计算机信息系统安全保护等级划分准则

级别	等级	对象
第一级	用户自主保护级	用于普通内联网用户
第二级	系统审计保护级	用于内联网、国际网进行商务活动的、需要保密的非重要单位
第三级	安全标记保护级	用于地方国家机关、金融单位、邮电通信、能源与水源供给部门、交通运输、大型工商与信息技术企业、重点工程建设等单位

续表

级别	等级	对象
第四级	结构化保护级	用于中央级国家机关、广播电视部门、重要物资储备单位、社会应急服务部门、尖端科技企业集团、国家重点科研单位、国防建设等部门
第五级	访问验证保护级	用于国防关键部门、依法需要对计算机信息系统实施特殊隔离的单位

1.16.5　信息系统安全保护的等级划分

信息系统的安全保护等级由两个定级要素决定：等级保护对象受到破坏时所侵害的客体和对客体造成侵害的程度。

一是受侵害的客体。等级保护对象受到破坏时所侵害的客体包括公民、法人和其他组织的合法权益；社会秩序、公共利益；国家安全。

二是对客体的侵害程度。等级保护对象受到破坏后对客体造成侵害的程度分为造成一般损害；造成严重损害；造成特别严重损害。

《信息安全等级保护管理办法》将信息系统的安全保护等级分为以下五级。

第一级：信息系统受到破坏后，会对公民、法人和其他组织的合法权益造成损害，但不损害国家安全、社会秩序和公共利益。

第二级：信息系统受到破坏后，会对公民、法人和其他组织的合法权益产生严重损害，或者对社会秩序和公共利益造成损害，但不损害国家安全。

第三级：信息系统受到破坏后，会对社会秩序和公共利益造成严重损害，或者对国家安全造成损害。

第四级：信息系统受到破坏后，会对社会秩序和公共利益造成特别严重损害，或者对国家安全造成严重损害。

第五级：信息系统受到破坏后，会对国家安全造成特别严重损害。

1.16.6　信息安全系统的体系架构及其组成

信息安全系统的体系架构及其组成，通常用信息安全空间来反映，如图 1-16-1 所示。

X 轴是"安全机制"。安全机制可以理解为提供某些安全服务，利用各种安全技术和技巧，所形成的一个较为完善的结构体系。如"平台安全"机制，实际上就是指安全操作系统、安全数据库、应用开发运营的安全平台及网络安全管理监控系统等。

Y 轴是"OSI 网络参考模型"。信息安全系统的许多技术、技巧都是在网络的各个层面上实施的，离开网络，信息系统的安全也就失去了意义。

Z 轴是"安全服务"。安全服务就是从网络中的各个层次提供给信息应用系统所需要的安全服务支持。如对等实体认证服务、访问控制服务、数据保密服务等。

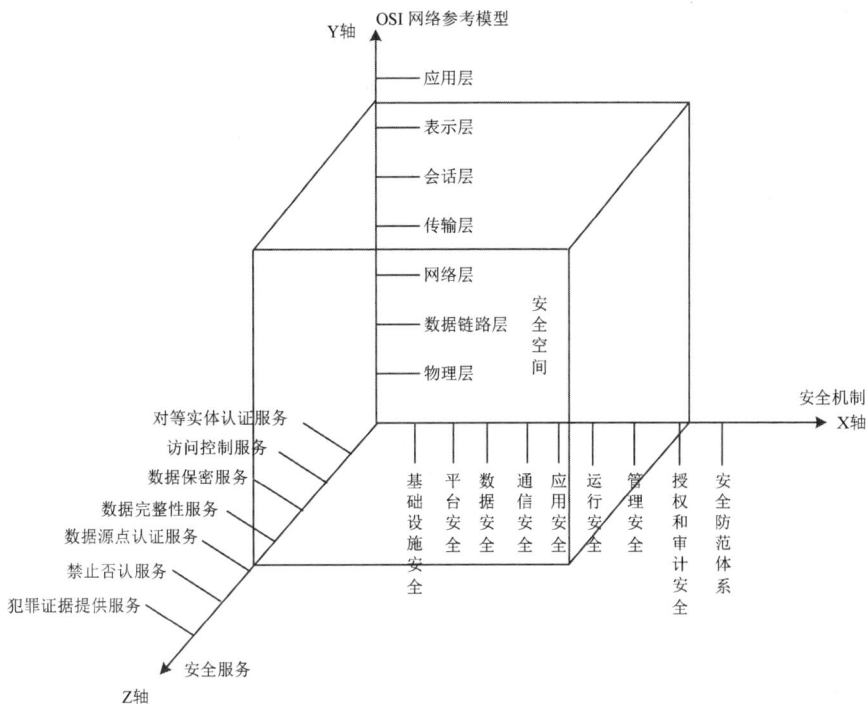

图 1-16-1 信息安全空间

由 X、Y、Z 三个轴形成的信息安全系统三维空间就是信息系统的"安全空间"。随着网络逐层扩展，这个空间不仅范围逐步加大，安全的内涵也更丰富，达到具有认证、权限、完整、加密和不可否认五大要素，也叫作"安全空间"的五大属性。

1.16.7 安全技术

1. 加密技术
加密是确保数据安全性的基本方法。加密技术的存在，必须有密钥管理技术。在网络环境中，密钥管理显得格外重要。

2. 数字签名技术
数字签名是确保数据真实性的基本方法。利用数字签名技术还可以进行报文认证和用户身份认证。数字签名具有解决收发双方纠纷的能力，这是其他安全技术所没有的。

3. 访问控制技术
访问控制按照事先确定的规则决定主体对客体的访问是否合法。当一主体试图非法使用一个未经授权的资源时，访问控制将拒绝这一企图，并将这一事件报告给审计跟踪系统，审计跟踪系统将给出报警并记录日志档案。

4. 数据完整性技术

数据在信道中传输时受信道干扰影响产生错误或是被非法侵入所篡改，或是被病毒所感染等。数据完整性技术通过纠错编码和差错控制来应对信道干扰，通过报文认证来应对非法入侵者的主动攻击，通过病毒实时检测来应对计算机病毒。

数据完整性技术包括数据单元的完整性和数据单元序列的完整性两种方式。

5. 认证技术

在计算机网络中认证主要有站点认证、报文认证、用户和进程认证等。

6. 数据挖掘技术

数据挖掘技术是及早发现隐患，将犯罪扼杀在萌芽阶段并及时修补不健全的安全防范体系的重要技术。

1.16.8 访问控制

访问控制是为了限制访问主体对访问客体的访问权限，从而使计算机系统在合法范围内使用的安全措施。访问控制有两个重要过程，一是认证过程，通过"鉴别"来检验主体的合法身份；二是授权管理，通过"授权"来赋予用户对某项资源的访问权限。

1. 访问控制机制

访问控制机制分为强制访问控制（MAC）和自主访问控制（DAC）两种。

强制访问控制（MAC），用于将系统中的信息分密级和类进行管理，以保证每个用户只能访问到那些被标明可以由他访问的信息的一种访问约束机制。通俗地说，在强制访问控制下，用户（或其他主体）与文件（或其他客体）都被标记了固定的安全属性（如安全级别、访问权限等），用户不能改变他们的安全级别或对象的安全属性。在每次访问发生时，系统检测安全属性以便确定这个用户是否有权访问该文件。

自主访问控制（DAC），由客体的属主对自己的客体进行管理，由属主自己决定是否将自己的客体访问权或部分访问权授予其他主体，这种控制方式是自主的。也就是说，在自主访问控制下，用户可以按自己的意愿，有选择地与其他用户共享他的文件。在自主访问控制中，每个客体都拥有一个限定主体对其访问权限的访问控制列表（ACL），每次访问发生时，都会基于访问控制列表检查用户标志以实现对其访问权限的控制。

2. 基于角色的访问控制（RBAC）

基于角色的访问控制中，角色由应用系统的管理员定义。而且授权规定是强加给用户的，用户只能被动接受，不能自主地决定，这是一种非自主型访问控制。其基本思想是系统操作的各种权限不是直接授予具体的用户，而是在用户集合与权限集合之间建立一个角色集合，每一种角色对应一组相应的权限，一旦用户被分配了适当的角色后，该用户就拥有此角色的所有操作权限。

3. 访问控制的授权方案

目前主流的访问控制授权方案，主要有以下四种。

自主访问控制方式（DAC）：该模型针对每个用户指明能够访问的资源，对于不在指定的资源列表中的对象不允许访问。

访问控制列表方式（ACL）：该模型是目前应用最多的方式。目标资源拥有访问权限列表，指明允许哪些用户访问。如果某个用户不在访问控制列表中，则不允许该用户访问这个资源。

强制访问控制方式（MAC）：该模型在军事和安全部门中应用较多，目标具有一个包含等级的安全标签（如不保密、限制、秘密、机密、绝密）；访问者拥有包含等级列表的许可，其中定义了可以访问哪个级别的目标，如允许访问秘密级信息，这时，秘密级、限制级和不保密级的信息是允许访问的，但机密级和绝密级信息不允许访问。

基于角色的访问控制方式（RBAC）：该模型首先定义一些组织内的角色，如局长、科长、职员；再根据管理规定给这些角色分配相应的权限，最后根据具体业务和职位对组织内的每个人分配一个或多个角色。

1.16.9 安全审计

安全审计是记录、审查主体对客体进行访问和使用的情况，保证安全规则被正确执行，并帮助分析安全事故产生的原因。

1. 安全审计的内容

安全审计具体包括：①采用网络监控与入侵防范系统，识别网络各种违规操作与攻击行为，即时响应（如报警）并进行阻断；②对信息内容和业务流程进行审计，可以防止内部机密或敏感信息的非法泄露和单位资产的流失。

安全审计系统采用数据挖掘和数据仓库技术，因此被形象地比喻为"黑匣子"和"监护神"。

2. 安全审计的作用

安全审计系统的主要作用有：①对潜在的攻击者起到震慑或警告作用；②对于已经发生的系统破坏行为提供有效的追究证据；③为系统安全管理员提供有价值的系统使用日志，从而帮助系统安全管理员及时发现系统入侵行为或潜在的系统漏洞；④为系统安全管理员提供系统运行的统计日志，使系统安全管理员能够发现系统性能上的不足或需要改进与加强的地方。

3. 安全审计的功能

CC 标准将安全审计功能分为 6 个部分：安全审计自动响应功能、安全审计数据生成功能、安全审计分析功能、安全审计浏览功能、安全审计事件选择功能、安全审计事件存储功能。

安全审计自动响应功能：定义在被测事件指示出一个潜在的安全攻击时做出的响应，它是管理审计事件的需要，这些需要包括报警或行动。

安全审计数据生成功能：要求记录与安全相关的事件的出现，包括鉴别审计层次、列举可被审计的事件类型，以及鉴别由各种审计记录类型提供的相关审计信息的最小集合。

安全审计分析功能：定义了分析系统活动和审计数据来寻找可能的或真正的安全违规操作。它可以用于入侵检测或对安全违规的自动响应。

安全审计浏览功能：要求审计系统能够使授权的用户有效地浏览审计数据，它包括审计浏览、有限审计浏览、可选审计浏览。

安全审计事件选择功能：要求系统管理员能够维护、检查或修改审计事件的集合，能够选择对哪些安全属性进行审计。

安全审计事件存储功能：要求审计系统提供控制措施，以防止由于资源的不可用丢失审计数据。能够创造、维护、访问它所保护的对象的审计踪迹，并保护其不被修改、非授权访问或破坏。

第**2**章
论文要求与应对策略

 信息系统项目管理师的论文考试包含两个题目，考生需从两个题目中选择一个，然后对自己所选择的论文按要求进行论述。要写好一篇论文，首先要熟悉评分标准。

2.1 论文判卷评分标准

 一、论文满分是 75 分，论文评分可分为优良、及格与不及格三个档次。评分的分数可分为：
60 分至 75 分优良（相当于百分制 80 分至 100 分）。
45 分至 59 分及格（相当于百分制 60 分至 79 分）。
0 分至 44 分不及格（相当于百分制 0 分至 59 分）。
评分时可先用百分制进行评分，然后转化为以 75 分为满分（乘以 0.75）。
 二、建议具体评分时，参照每一试题相应的"解答要点"中提出的要求，对照下述五个方面进行评分：
 （1）切合题意（30%）。
 无论是管理论文、理论论文或实践论文，都需要切合解答要点中的一个主要方面或者多个方面进行论述。可分为非常切合、较好地切合与基本上切合三档。
 （2）应用深度与水平（20%）。
 可分为有很强的、较强的、一般的与较差的独立工作能力四档。
 （3）实践性（20%）。
 可分为如下四档：有大量实践和深入的专业级水平与体会；有良好的实践与切身体会和经历；有一般的实践与基本合适的体会；有初步实践与比较肤浅的体会。
 （4）表达能力（15%）。
 可从逻辑清晰、表达严谨、文字流畅和条理分明等方面分为三档。

（5）综合能力与分析能力（15%）。

可分为很强、比较强和一般三档。

三、下述情况的论文，需要适当扣分：

（1）字迹比较潦草、其中有不少字难以辨认的论文。

（2）正文基本上只是按照条目方式逐条罗列叙述的论文。

（3）确实属于过分自我吹嘘或自我标榜、夸大其词的论文。

（4）内容有明显错误和漏洞的，按同一类错误每一类扣一次分。

（5）内容仅属于大学生或研究生实习性质的项目，并且其实际施用背景的水平相对较低的论文。

可考虑扣 5 分到 10 分。

四、下述情况之一的论文，不能给予及格分数。

（1）虚构情节，文章中有较严重的不真实的或者不可信的内容出现的论文。

（2）未能详细讨论项目开发的实际经验、主要从书本知识和根据资料摘录进行讨论的论文。

（3）所讨论的内容与方法过于陈旧、或者项目的水准相对非常低下的论文。例如，数据库设计仅讨论了 FoxPro 且没有鲜明特色的应用；开发的是仅能用单机版的（孤立型的）规模很小的并且没有特色的应用项目。

（4）内容不切题意，或者内容相对很空洞、基本上是泛泛而谈且没有较深入体会的论文。

（5）正文的篇幅过于短小的论文（如正文少于 2000 字）。

（6）文理很不通顺、错别字很多、条理与思路不清晰、字迹过于潦草等情况相对严重的论文。

五、下述情况，可考虑适当加分：

（1）有独特的见解或者有着很深入的体会，相对非常突出的论文。

（2）起点很高，确实符合当今计算机应用系统发展的新趋势与新动向，并能初步加以实现的论文。

（3）内容翔实、体会中肯、思路清晰、非常切合实际的论文。

（4）项目难度很高，或者项目完成的质量优异，或者项目涉及国家重大信息系统工程且作者本人参加并发挥重要作用，并且能正确按照试题要求论述的论文。

可考虑加 5 分到 10 分。

2.2　得分要点

根据上述论文评分标准，我们可以先大体找到论文写作的得分要点。下面我们以 2020 年下半年考试中的论文题目《成本管理》为例来进行说明。

题目：成本管理

1. 概要叙述你参与管理过的信息系统项目（项目的背景、项目规模、发起单位、目的、项目内容、组织结构、项目周期、交付的成果等），并说明你在其中承担的工作（项目背景要求本人真实经历，不得抄袭及杜撰）。

2．请结合你所叙述的信息系统项目，围绕以下要点，论述你对信息系统项目成本管理的认识，并总结你的心得体会。

（1）项目成本管理的过程。

（2）项目预算的形成过程。

本题得分要点见表 2-2-1。

表 2-2-1　论文得分要点

得分项	具体要点	得分范围
项目背景（共 10 分）	项目背景真实，符合当今技术发展潮流，内容能完全体现项目规模、发起单位、目的、项目内容、组织结构、项目周期、交付的成果以及作者在其中承担的工作等。语言简洁精练、字数适中，论题明确	0～10 分
正文（共 30 分）	成本管理过程正确，每个管理过程均能结合项目背景写出输入、工具和技术、输出	每个 3 分，共 12 分
	正面响应论文要求，结合项目背景写出完整的成本预算过程	0～18 分
结尾（共 10 分）	结尾部分描述： （1）实施效果评价 （2）成功经验总结及存在问题和相关解决措施 （3）心得体会	0～10 分
文字和书面表达能力（共 10 分）	文章完整且合理、语句流畅、字迹清晰、卷面整洁	0～10 分
综合应用能力（共 15 分）	项目完整、真实有特色、管理效果明显、有较强的实践性和应用深度水平	0～15 分

2.3　论文写作的一般要求

2.3.1　格式要求

一个好的格式，会让阅卷老师一目了然。

信息系统项目管理师的论文分为三个主要部分：项目背景，正文和收尾。考试的时候，明确要求论文总字数不得少于 2000 字，实际考试中建议论文总字数控制在 2500 字左右。

（1）项目背景格式要求。项目背景的字数通常 600 字左右，内容要简短精练，明确具体，需要对项目进行介绍，突出要写的论文主题。

（2）正文格式要求。正文的字数通常在 1500 字左右，按照论文要求进行详细论述。

（3）收尾格式要求。收尾的字数通常在 500 字左右，对项目进行组织过程资产总结。

2.3.2 项目背景要求

项目背景作为论文的开头，考试要求是概要叙述你参与管理过的信息系统项目（项目的背景、项目规模、发起单位、目的、项目内容、组织结构、项目周期、交付的成果等），并说明你在其中承担的工作（项目背景要求本人真实经历，不得抄袭及杜撰）。根据以上，建议以最近三年的信息系统项目为自己的论文背景，项目必须是真实的、合理的和规范性的，明确具体，阐清自己的论点，突出考试中相关知识域及过程，突出论文的其他相关要求。

项目背景可分为一个或两个段落，下面给出对应的常见格式。

一、项目背景的一段格式

××年××月（**注意写近三年的项目**），我参加了××信息系统项目建设（**注意是非涉密项目**），担任××（**自己的工作角色**）。该项目共投资××万元（**建议 500 万元以上、3000 万元以下**），工期××（**工期时长通常以月为单位**）。通过该项目的建设，实现了××（**项目建设背景、可交付成果、功能等**），该项目特点是需求复杂、干系人众多等（**引出要写的主题**），因而项目的××管理显得尤为重要。在项目实施过程中，我通过××措施（**紧扣论题**），从而按期顺利通过了客户的验收。本文我结合自身实践，以该项目为例，从××几方面（**写出论文要求写的管理领域的具体管理过程名称**）论述了信息系统项目的××管理。

二、项目背景的两段格式

为实现××（**项目背景、功能介绍**），××公司（**发起人姓名、单位**）启动了××信息系统建设项目，并对项目进行了公开招标，我公司顺利中标。我公司为××型组织（**组织结构类型**），××年××月，我以××参与（主持）了该项目的建设（**写在项目中承担的角色，一般写项目经理**）。该项目共投资××万元，建设工期为×个月，××年×月获得验收。该信息系统是××（**写功能、系统组成、技术架构等**）。

由于本项目××（**写项目特点，引出要写的主题**），因而项目的××管理显得尤为重要。项目××管理是××（**介绍××管理的内容、作用或意义**）。在项目实施过程中，我采取××措施（**紧扣论题**），最终顺利完成了项目工作。本文以该项目为例，从××几方面论述了信息系统项目的××管理（**写出论文要求写的管理领域的具体管理过程名称**）。

2.3.3 正文要求

正文就是按所选论文题目，在相关内容中充分体现题目的要求，具体内容要合理、真实、丰满，多实际工作。通常以自己所选知识域的过程为主线，一个过程为一个或两个段落，每个段落字数控制在 300～400 字左右（**根据管理领域中管理过程的多少进行适当的增减，如质量管理只有三个管理过程，则每个管理过程的字数相应增加；如进度管理有七个管理过程，每个管理过程的字数则相应减少，总字数控制在 1500 字左右**），然后详细地说明你在这个项目中，作为优秀的项目经理，怎样运用所学的知识，进行实际工作，得到客户满意的结果。

下面以成本管理为例，给出一个正文写作的格式示例。

一、规划成本管理，为成本管理提供方向和指南（可只写管理过程名称，也可加副标题，副标题是对管理过程的解释说明或总结，如果采用副标题，语言一定要简洁精练、准确）

写具体内容，要求结合项目背景写出输入、工具与技术和输出的应用，同时还要看论文要求，论文要求要在管理过程中进行明确响应，一般先写管理过程的定义、作用，接着写输入，然后结合项目背景写工具与技术的应用和在实际管理过程中出现的问题，如何解决，然后写输出，最后总结，承上启下。通常采用总分总的结构。

二、成本估算，确定项目工作所需的成本数额。

三、成本预算，确定项目成本基准，为监督和控制成本绩效提供依据……

四、成本控制，监督成本绩效，降低项目风险……

2.3.4　收尾要求

收尾作为论文的最后一部分，就是组织过程资产总结，起画龙点睛的作用。常见格式如下。

经过全体团队成员的共同努力，我们按期完成了项目，实现了××（**写项目目标**），顺利通过了业主方组织的验收，得到了双方领导的一致好评。本项目的成功离不开我××（**写具体措施，成功经验，紧扣论文要求写的内容，可以起到画龙点睛的作用**）。当然，在本项目中也还存在一些不足，如：××（**写一些无关紧要的不足，且不足不是管理原因造成的**）。我通过采取××（**写解决措施，要体现作者作为项目经理的水平，先抑后扬**）。在今后的项目管理工作中，我将××（**写写今后打算，表明决心**）。

2.4　论文写作策略与技巧

2.4.1　论文写作策略

信息系统项目管理师的论文考试通常都是 2 个论文题目，考试时间是 120 分钟，每个题目都会有详细具体的要求，因此选择自己要写的论文相当重要。其次就是掌握好考试时间，因为下午论文全是手写，字数不能少于 2000 字，如果字数太少很多内容写不到，字数太多又写不完，因此论文字数控制在 2500 字左右最为合适。实际考试中，能快速且卷面整洁地写完论文的同学很少，甚至会出现没有写完或匆忙收尾的，因此时间的分配也很重要，建议审题 5 分钟，构思 15 分钟，书写论文 100 分钟。

考前 5 分钟就会发卷，这个时候填写好相关考试要求后，我们可以利用这个时间段对论文进行选择，认真审核两个论文的具体要求，然后选择自己最熟悉和最有把握的论文题目，再对该论文题目的具体问题进行审查，进行初步的构思，这样可以节约很多时间。这里切忌不能看到论文题目就动手写，一定要仔细的分析和理解论文的要求。

考试正式开始，我们可以先在草稿纸上写下自己的构思，然后根据构思去写，这样思维走在写的前面，就不会出现卡顿的现象。项目背景我们早已准备好，因此第一时间把这部分内容写好。

项目论文实际内容，按照考核知识域，一个过程就是一个或两个段落，每个管理过程前加序号，如"一、规划成本管理……"，独为一行，可加小标题来说明自己要写的内容，然后再是段落的内容，做到层次分明，一目了然的就让阅卷老师知道自己要写的内容。内容必须是具体的实际工作，依据现实工作中的资料和情况，采用某个工具和技术，得到了具体的结果，这样就做到了理论和实际的结合。正文中特别注重的是输出，因此这里特别要注意的是论文对过程中的要求，一定要体现在内容中，不能一句话都没有，而且必须是实际工作的内容。

最后段落就是项目总结，因此在该部分要写项目的实际完成时间和实际完成成本，总结该项目的优点和存在的不足。对于存在的不足我采取了什么措施进行纠正，然后解决了该问题。最后加上一些修饰语作为论文的最后一句话，比如在项目管理的路上，学习永无尽头，我会努力学习，努力工作，为中国信息化建设作出自己的贡献等。

2.4.2　论文写作技巧

分析历年论文真题，论文分为两种题型。

第一种是单个知识域论文，该论文就考核一个知识域；

单个知识域论文，该考点主要是十大知识域其中的一个知识域，然后以实际工作中我作为项目经理，根据资料，采用哪些工具与技术实施该知识域的每一个过程组，它的主要内容有哪些及其作用是什么。因此要充分理解十大知识域的内容和作用，并理解 47 个过程组的输入、工具与技术、输出。

单个知识域论文可以分为以下三个阶段。

第一阶段：概要叙述参与管理过的信息系统项目（项目的背景、项目规模、发起单位、目的、项目内容、组织结构、项目周期、交付的产品等），在项目中的职责，并切入论文的论题。

第二阶段：按论文要求，把该知识域的每一个过程组分别在"输入""工具与技术"和"输出"这三个方面用实际工作论述相关的内容和作用，并满足论文要求。

第三阶段：做好整个论文的组织过程资产总结，论述在项目中遇到的问题与解决方案。本项目通过有效的管理所取得的实际效果。以实际例子描述哪些做得好，哪些需要改进。

第二种是组合论文，该论文考核多个知识域。

组合论文，该考点主要就是十大知识域、信息安全、项目变更管理等，通常会涉及到两个，然后以实际工作中我作为项目经理，根据资料，采用哪些工具与技术实施该知识域的每一个过程，它的主要内容有哪些及其作用是什么，相关知识点之间的相互联系和影响。因此要理解十大知识域、信息安全、项目变更管理相关知识，并能整体理解它们相互之间的联系和影响。

组合论文，可以分为以下三个阶段。

第一阶段：概要叙述参与管理过的信息系统项目（项目的背景、项目规模、发起单位、目的、项目内容、组织结构、项目周期、交付的产品等），在项目中的职责，并切入论文的论题。

第二阶段：按论文要求，把该知识域的每一个过程组分别在"输入""工具与技术"和"输出"这三个方面用实际工作论述相关的内容和作用，再加上对相关知识点之间的相互联系和影响的论述，最重要的是一定要满足论文要求。

第三阶段：做好整个论文的组织过程资产总结，总结它们之间的联系和影响，在项目中遇到的问题与解决方案。最后本项目通过有效的管理所取得的实际效果和实际例子描述哪些做得好，哪些需要改进。

不管考哪种论文，其中通用部分有项目背景和项目收尾，这部分可以考前就准备好，考试的时候适当修改一下相关内容，使之符合论文要求。

2.5 写作注意事项

2.5.1 卷面注意事项

论文书写的时候一定要保持卷面整洁，如果出现错别字，不是在特别显眼的地方，就别涂改，将错就错，一旦出现涂改，就是告诉阅卷老师这里有问题。考试很多卷子需要阅读批改，阅卷老师也会累，因此卷面整洁和字体是相当重要的。因为一份漂亮的卷面会让阅卷老师心情愉悦，看的也特别舒畅，潜意识中你的分数就会提高很多。想想如果自己的字连阅卷老师都看不清楚，看不明白，需要认真仔细地去看，这样就意味你的错误会被发现得更多。

2.5.2 项目背景内容注意事项

项目背景的选择建议是最近三年的信息系统项目，注意项目投资额不能太大，正常情况下，金额几千万甚至是上亿的项目，通常都是高级工程师来任项目经理。金额不建议是一个整数，现实工作中金额通常会精确到几角几分。注意项目背景一定要自己去找，比如当地政府的招投标网、百度等，如果是网上找的项目背景，除了项目背景外，一定要对项目方案有一定的了解，否则，遇到特殊要求就无法写出来，如2021年下半年，要求写出WBS五层结构，如果对项目方案不了解，只知道一个背景，是很难编出来的。

2.5.3 论文内容注意事项

论文具体内容严格按照考试中所选择论文题目的知识域的管理过程顺序来写，不能缺少管理过程，也不能打乱管理过程顺序。一个过程一个或两个段落，每个段落的开始有一个小标题，突出所写段落的主要内容和作用，然后就是具体内容，这样就做到了层次分明，让阅卷老师一目了然。

现在考试的论文越来越贴近项目管理的实际工作，内容一定要是具体、实在的工作，而不是书本上的纯理论，因此不能太理论化，要以实际工作来体现相关的理论知识，是正文最重要的内容，也是阅卷老师给分的重要点。每个过程开始都要有具体的输入，采用了哪些工具（工具不需要太多，一两个就可以了），最后有具体的输出。切忌不能罗列输入、工具与技术和输出。论文正文因为格式的要求，如非必要，内容不能出现图表。

2.5.4　论文常见问题

最近论文考题越来越强调实际，不能只注重纯理论而缺乏实际工作内容。在论文考试中最为常见的问题有：

1. 背范文。看到题目一样的论文，直接动手就写，不分析论文要求，因此会造成论文得分极低。

2. 论文内容缺乏实际工作内容，只有纯理论。论文内容脱离实际工作，全部以理论知识来叙述所写论文。

3. 论文要求的管理过程缺少或顺序错误或随意合并。比如范围管理中有六个管理过程：规划范围管理、收集需求、定义范围、创建 WBS、确认范围和控制范围。在写论文中缺少了其中一个管理过程，把收集需求写在定义范围的后面，或者把收集需求和范围定义管理过程合并成一段，这些都是不对的。

4. 缺乏实际的输出内容。比如 2021 年范围管理的论文，其中有一项要求：根据你所描述的项目范围，写出核心范围对应的需求跟踪矩阵。因此在论文中必须举例一个实际的核心范围，并按需求跟踪矩阵的理论要求，写一个完整的实际的需求跟踪矩阵出来。不能不写，或者仅仅是一个理论概念。

因此考试的时候为了避免以上错误，平时学习一定要认真仔细，熟悉每个知识域的过程，及每个过程的输入、工具与技术和输出。还有最近考试中对于知识域的过程都会有详细的要求，通常是过程的输出，因此对输出需要有自己的理解。

考试中切忌看到论文题目就直接动手写，而不去分析论文要求。

2.6　建议的论文写作步骤与方法

对写作步骤没有具体的规定，如胸有成竹就可以直接书写。不过，大多数情况下建议按以下步骤展开：

（1）从给出的论文题目中选择试题（5 分钟）。

（2）论文构思，写出纲要（10 分钟）。

（3）写背景（15 分钟）。

（4）正文撰写（90 分钟）。

通过对考试的研究，我们在论文教学过程中会有专题去讲解论文写作的方法。一般来说，当听完老师对论文写作的方法及典型论文的分析后，学生普遍觉得论文很好写，但实际往往是"知易行难"，知道怎么写并不意味着会写。论文考试阶段，最后检查也没有实际作用，因为落地生根，要修改就会产生涂改痕迹，这样会更加明显，告诉阅卷老师我的论文有涂改痕迹，一旦涂改痕迹较多，直接不及格，因此写的时候一定要保持卷面整洁。除了授课过程中常见的论文写作错误外，关键点在于如何下笔。因此，我们提炼出论文写作的几种方法。

2.6.1 通过讲故事来提炼素材

有一次，我们在教学的过程中反向行之，即先不讲解论文写作，也不需要学生了解论文的写作方法，而是与他们探讨项目在该知识域如何做，探讨项目实施中的细节问题。采用的形式是学生陈述项目，老师插入自己的提问，学生作答。

当然这种提问是有意设计的，目的是让学员自己回答出"论文写作的要点"。这种方法极其有效，当第一轮问答结束后，学生实际上就已经回答出了论文的背景、关键控制点、主要经验等关键写作要素。

在这个阶段，考生务必不要想论文如何写，仅仅从故事角度思考，如何呈现一个精彩的故事即可，完成此阶段的构思则大局既定。后续的精化阶段、成文阶段只是提炼和展现工作而已。

2.6.2 框架写作法

框架写作法的核心就是提供一个论文框架，让学生"照葫芦画瓢"。而且框架写作法的核心实际上从阅读者的心里总结出来，假设（实际也是如此）阅读者在阅读论文的时候，时间有限的情况下会关注哪些点。

我们把论文分为背景、论点论据、收尾三个部分。

1. 背景。对于背景的写作，无外乎几个关键要素：项目由谁发起，由谁完成，干系人是谁，功能是什么，解决什么问题，什么时候开始，什么时候完成，耗资多少等问题。同时说明自己在项目中担当什么角色。建议尽量突出项目的资金合理、周期一般、项目符合当前主流、干系人众多。

背景部分的内容建议控制在 600 字左右。

2. 论点论据（也就是正文部分）。按照框架写作法的要求，在相关过程的内容中突出论文要求。

当主题句写得得心应手的时候，实际上论文就形成了，剩下的工作是在主题句后面填充一些无关紧要的扩展句子。

论点论据部分是正文的主要部分，这部分内容建议控制在 1500 字左右。建议每段话采用"总-分"或者"总-分-总"的形式进行阐述。

3. 收尾。收尾是经验总结部分，这部分近乎通用，而且经验部分其实是可以适用于不同主题的。当然，能与主题紧密相扣更好，如果事前准备好的收尾不能扣主题甚至有偏离，则稍微做些修改，总比临时拼凑强得多。

我们一般建议考生对收尾的内容描述在 400 字左右，当然在论文字数不足的情况下，可以适当地扩充字数，起到凑字数的作用。现在论文答题纸是 6 页，建议字数要写到第 6 页的中上部份。但也不要无限制地增加字数，以免头轻脚重。

第**3**章
优秀范文点评

本章从最近的考试题目中选择了两篇论文范文，分别从阅卷的角度进行点评。

3.1 "论信息系统项目的范围管理"范文及点评

3.1.1 论文题目

项目范围管理必须清晰地定义项目范围，其主要工作是要确定哪些工作是项目应该做的，哪些不应该包括在项目中。

请以"论信息系统项目的范围管理"为题进行论述：

1. 概要叙述你参与管理过的一个信息系统项目（项目的背景、项目规模、发起单位、目的、项目内容、组织结构、项目周期、交付的成果等），并说明你在其中承担的工作（项目背景要求本人真实经历，不得抄袭及杜撰）。

2. 请结合你所叙述的信息系统项目，围绕以下要点论述你对信息系统项目范围管理的认识，并总结你的心得体会：

（1）项目范围管理的过程；

（2）根据你所描述的项目范围，写出核心范围对应的需求跟踪矩阵。

3. 请结合你所叙述的项目范围和需求跟踪矩阵，给出项目的 WBS（要求与描述项目保持一致，符合 WBS 原则，至少分解至 5 层）。

3.1.2 范文及分段点评

作者：刘开向　　信息系统项目管理师

优秀范文	点评
正文（2500 字左右） 为提升自助设备服务能力和精细化管理水平，促进自助银行业务发展，××银行启动了自助银行系统建设项目，并对项目进行了公开招标，我公司顺利中标。我公司为该项目成立了项目部（项目型组织），2019 年 10 月，公司通过发布项目章程任命我为项目经理，全面负责该项目的建设管理。该项目共投资 562.58 万元人民币，建设工期为 9 个月，2020 年 8 月获得验收。该自助银行管理系统是集"交易转发、设备管理、运行监控"于一体的全省集中管理及综合应用，实现各类自助设备的统一接入、统一管理、统一监控，丰富了报表统计功能，强化量化经营分析。本系统采用 C/S 架构，支持 Oracle、MySQL 等数据库，以"高内聚、低耦合"的模块化设计原则，确保该信息系统符合技术发展趋势和动态升级需要	正文第一段全面总结了项目，包括项目的背景、项目规模、发起单位、目的、项目内容、组织结构、项目投资额、周期、交付的成果等，并说明了作者在其中承担的工作，以及系统技术架构。对论文子题目 1 进行了回应
由于本项目涉及全省 87 个县市 642 个金融网点、包括 5 个不同品牌共 2000 多台的自助设备，地域广、干系人众多，且金融行业的信息系统有其严格的行业开发标准，素以高质量、高可靠、高安全、高效率著称，因而项目的范围管理显得尤为重要。范围是为完成项目可交付成果而必须完成的工作。有效的项目范围管理不仅能明确项目边界、对项目工作进行监控，还能防止发生范围蔓延；在项目实施过程中，我严格遵循项目管理流程，从范围管理入手，其中在收集需求过程中我做好相关的需求跟踪矩阵，有效地确保了项目生命周期中需求的一致性，在创建 WBS 过程中做好了 5 层的 WBS 分解，为项目可交付成果提供了结构化的视图，最终顺利完成了项目工作。本文以该项目为例，从范围管理规划、收集需求、范围定义、创建 WBS、范围确认、范围控制几方面论述了信息系统项目的范围管理	过渡段，引入要写的主题，强调了需求跟踪和进行 WBS 五层分解，对论文要求进行了点题，此为写作亮点。最后介绍了范围管理的过程，对论文子题 2（1）进行了响应。承上启下，自然过渡
1．规划范围管理，为范围管理活动提供方向和指南 规划范围管理是为管理项目范围而制定策略的过程。一个科学合理的范围管理计划是项目成功管理的基础。我根据项目章程和公司的范围管理计划模板，与团队成员、相关专家、银行代表召开专题会议，充分讨论后编制出了范围管理计划，其内容包括：明确了收集需求方法、用产品分析定义范围，按子系统分解项目可交付成果创建 WBS，以及范围基准的变更流程等。同时由于该项目需求复杂，我们还就如何管理需求活动、干系人参与需求管理策略等内容形成了需求管理计划	正文第三段写规划范围管理过程，先简单介绍了规划范围管理过程，然后写输入、工具应用到输出，并写出了范围管理计划的具体内容
2．收集需求，奠定范围管理基础 本过程的难点是如何获取准确的客户需求。客户一般很难说清其具体需求。为解决此问题，我与银行项目代表沟通后，根据其他银行自助设备管理系统建设经验，我们根据需求管理计划和干系人登记册编制需求收集调查问卷表，表中详细列举了自助设备系统的各项需求，并指明需求对应实现的系统模块，如针对自助设备入网管理，我们就列举出是否要按设备分类，分类的形式，入网的审批流程等，客户只需要在相应的表中打符合需求或补充描述即可，这样不仅避免了需求杂乱、不可验证等问题，还为下一步的需求跟踪矩阵的建立打下了基础。需求收集完成后我们整理形成了需求文件，建立了需求跟踪矩阵，如针对需求文件中的"X01 核心需求自助设备入网退网管理"需求，我们可从通过需求跟踪矩阵可回溯到该需求是由省行个人金融部提出来的业务需求，包括设备出入网三级审批流程、	正文第四段结合项目背景，写出了收集需求的具体过程，并结合项目背景对论文要求"核心范围对应的需求跟踪矩阵"进行了详细的响应。充分说明了作者具有深入的项目实践与切身体会和经历

优秀范文	点评
具体业务操作等要求。往后可以追溯到其对应的可交付成果-自助设备管理系统自助设备管理模块中的设备入网退网管理。这些需求都进行了编号，并注明了其来源、所有者、版本、当前状态、测试用例、验收标准等内容，确保了需求的可跟踪性。随后与相关干系人进行了确认	
3. 范围定义，明确项目边界 由于前期所收集的需求多而杂，有些需求甚至是相互冲突，于是我们通过对自助设备管理系统产品的分析，把如对设备的日常运维方面的需求排除在项目范围之外，选择出了真正的项目需求，然后详细说明了自助设备管理系统产品的特征，明确了项目可交付成果是集"交易转发、设备管理、运行监控"于一体的全省集中管理的综合应用系统，和《自助设备管理手册》《自助设备使用手册》等文档、验收标准是业务处理流程确保符合《中国人民银行关于商业银行自助设备管理规定》、软件开发符合《银行业软件开发规范》、功能满足《需求规格说明书》等，及制约因素、假设条件等，形成了项目范围说明书。经审批后纳入了配置管理，为项目的规划、沟通和控制打下了坚实的基础	正文第五段首先承上启下，介绍了范围定义过程的工作内容，接着写范围定义的输出：结合项目背景写出了范围说明书的内容。最后说明了范围定义的作用。顺利过渡到下一段
4. 创建工作分解结构，确定项目范围基准 创建工作分解结构是把项目可交付成果和工作分解成更小的更易管理的组件过程。根据范围管理计划、项目范围说明书，我们与干系人一起先对项目的可交付成果进行了分析识别后，把其按子系统以树形结构自上而下分成了五层，如下图所示： 其中最底层的工作包符合 8/80 原则，并由专人负责，分解完成后，我们给各组件制定和分配了标识编码，还通过 WBS 词典对工作包进行了细化描述。最后还核实了分解的程度是否必要且充分。WBS 和 WBS 字典、批准的项目范围说明书构成了项目范围基准，为项目范围控制提供了依据	正文第六段先介绍了创建 WBS 过程的定义，然后写输入、工具，最后写输出，详细描述了项目 WBS 五层结构，体现了作者专业级水平，有力响应了论文第 3 条要求。最后还说明了分解原则，也是对论文要求的响应

优秀范文	点评
5．范围确认，正式验收可交付成果，提高项目终验成功的可能性 范围确认是客户正式接受可交付成果的过程，本过程一方面是对项目阶段工作成果的认可，另一方面是使客户及时、客观地了解项目的进展。阶段工作完成后，与银行代表保持良好沟通，就范围确认的时间、投入等形成一致意见，然后由银行方组织相关业务专家与我们一起根据需求跟踪矩阵和需求文件对文档、阶段成果、产品进行检查、测试，回溯到需求文件和原始需求，合格后在验收单上签字确认，得到项目阶段验收的可交付成果，随着项目阶段的验收通过，整体验收通过的可能性得以大大得升	正文第七段，先介绍范围确认的定义，然后写范围确认的作用、意义。接着写具体的过程，顺便提到了需求跟踪矩阵，对论文要求写需求跟踪矩阵进行了呼应
6．范围控制，管理范围变更，防止项目范围蔓延 客户的需求往往是变化的，因而项目范围变更必不可少。在范围控制管理中，我牢牢把握未经审批的变更坚决不能实施这一原则，坚决抵制镀金行为，防止项目范围蔓延。如曾经在一次状态审查会上，我发现项目的功能模块中，报表管理模块多了统计日志功能，经过查询需求跟踪矩阵，确认了该功能模块回溯不到原始需求，经核实是该负责人未经请示根据甲方电话沟通需求直接增加了该功能。针对此情况，我立即召开会议，强调变更流程管理的重要性，要求必须严格按照变更控制流程管理客户需求。要提变更申请后经过变更评估再后报 CCB 审批，变更后调整基准并将变更信息通知相关干系人，同时加强对变更的结果进行追踪与审核。确保了项目范围的可控	正文第八段，首先写到范围变更必不可少，引出范围控制的意义，接着写范围控制的原则，接着举例写处理范围变更的过程，再次提到了需求跟踪矩阵，又一次对论文要求进行点题
经过全体团队成员的共同努力，我们终于按期完成了项目，顺利通过了银行方组织的验收。得到了双方领导的一致好评。本项目的成功离不开我成功的范围管理，特别是建立了需求跟踪矩阵，确保了需求与产品的一致性，同时严格按照变更管理流程管理变更，有效地防止了项目范围蔓延。当然，在本项目中，也有一些不足之处，如：部分团队成员对编码工作较重视，但对文档管理比较随意，我请 CMO 加强了配置管理知识的培训后，团队成员配置管理意识得到了加强。在项目管理中的不足之处，我将一如继往地加强学习，砥砺前行	正文第九段为论文结尾，总结了项目成功经验与不足，在成功经验中再次点明了需求跟踪矩阵，首尾呼应。存在不足写一些无关紧要的不足，最后表明了决心

3.1.3　范文整体点评

1．优点

本文架构正确，逻辑清楚，段与段之间衔接很好，对项目管理有深入实践，非常好的切合题意，有较好的应用深度和水平，是一篇能得分在 65～70 之间的优秀论文。

文章正文部分首先介绍了项目的背景、个人在项目中的角色、技术架构等，从而能让阅读者快速地了解项目本身。之后，文章结合项目背景，引入要写的主题，在过渡段对论文要求进行了点题，接着写管理过程，每个管理过程采用了副标题的形式，让阅读者能通过标题就知道作者对管理过程的理解程度，是一大亮点，同时每个管理过程基本上都是按照管理过程定义、输入、工具与技术应用、输出、过程作用这一架构去写，条理逻辑清晰。在管理过程中，较好地把项目背景融入管理过程中，真实地反映了作者的实际工作经验。文章收尾部分，简要总结了成功经验和不足，并对问题和不足提出了自己的解决办法。本文正面回答了论文要求，特别是对 WBS 五层架构，大胆采用图示的方法进行展现,"需求跟踪矩阵"在管理过程中多次提及,拿到了主要的得分点,同时还在文章开头和结尾都提到了论文要求,首尾呼应。

2. 不足之处

(1) WBS 五层的图形非常详细,但在考试试卷上,手写论文时,不容易画出如此细致的五层 WBS,在正式考试时,可以适当简化。

(2) 项目背景如果能结合最新的技术,比如元宇宙、虚拟货币、人工智能等,会更具有优势。

(3) 项目管理存在的不足与项目范围管理关联不强,但不影响此论文得高分。

3.2 "论信息系统项目的合同管理"范文及点评

3.2.1 论文题目

项目合同管理是通过对项目合同的全生命周期进行管理,以回避和减轻可识别的项目风险。

请以"论信息系统项目的合同管理"为题进行论述:

1. 概要叙述你参与管理过的信息系统项目(项目的背景、项目规模、发起单位、目的、项目内容、组织结构、项目周期、交付的成果等),并说明你在其中承担的工作(项目背景要求本人真实经历,不得抄袭及杜撰)。

2. 请结合你所叙述的信息系统项目,围绕以下要点论述你对信息系统项目合同管理的认识,并总结你的心得体会:

(1) 项目合同管理的过程。

(2) 在有监理参与的情况下,结合项目管理实际写出详细的合同索赔流程。

3. 请结合你所叙述的信息系统项目,编制一份对应的项目合同(列出主要的条款内容)。

3.2.2 范文及分段点评

作者:刘开向　　信息系统项目管理师

优秀范文	点评
正文(2500 字左右) 为主动适应信息时代新形势和党员队伍新变化,积极运用互联网+、大数据等新技术,创新党组织活动内容、方式等,××市提出了"智慧党建"信息系统项目建设方案,并对项目进行了公开招标,我公司顺利中标。我公司为项目型组织,2020 年 1 月,我被任命为项目经理,全面负责该项目的建设管理。该项目共投资 821.38 万元人民币,建设工期为 9 个月。2020 年 10 月获得验收。通过该项目的建设,建立起了包含两类信息(党员信息和党组织信息)+五类终端(党建大屏、电脑端、微信端、党建 APP、智能一体机)+10 大平台(学习平台、党务平台、宣传平台等)为一体的综合信息系统。该系统采用 SOA 架构,运用 C#和 JDK 中间件开发,支持 Oracle、MySQL 等数据库,实现了该市党建业务、党员在线学习、在线考试、信息发布等功能于一体,进一步提升了党建工作科学化水平	该段介绍了项目的建设背景、项目规模、发起单位、目的、项目内容、组织结构、项目周期、交付的成果、系统架构、开发语言等,并说明了作者在其中承担的工作,以及系统实现的功能。使阅读者能对建设项目有全面、完整的认识,对论文子题目 1 进行了回应,且项目符合当今计算机应用系统发展的新趋势与新动向

优秀范文	点评
由于本项目涉及设备种类多，需从不同的供应商处采购。因而项目的合同管理显得尤为重要。加强合同管理对于提高合同管理水平、减少合同纠纷、加强和改善建设单位和承建单位的经营管理、提高经济效益，都具有十分重要的意义。本文我以该项目为例，从合同的签订管理、合同的履行管理、合同的变更管理、合同的档案管理、合同的违约索赔管理几方面论述了信息系统项目的合同管理	过渡段，论述了合同管理的重要意义，引出要写的主题，并说明了从哪几方面进行合同管理，对论文子题目 2（1）进行了回应
一、合同的签订管理 合同签订管理是确保合同双方在平等协商的基础上，对合同内容达成一致，确立权利、义务等民事关系的过程。在此过程中，涉及到合同类型的选择，合同内容的合法性、合同表述的准确性等。在项目实施过程中，根据项目实际需求，我们对智能一体机进行了公开招标采购，确定了××公司为上述设备的供应商，因设备所需数量明确，我们采用了总价合同的形式，并在 30 天内与××公司签订了合同，其主要条款如下： 第一条　设备名称：智能一体机，数量：424 台、品牌型号：希沃 Sa65EC，参数：Windows、Android 双系统、65 寸 1920*1080 分辨率红外触摸屏、超薄插拔式 Intel Core I32300 模块化电脑、内存 DDR3 8G 等。 第二条　设备验收标准、验收方法：设备到货到由双方现场开箱检查，安装完成进行验收测试，符合合同相关参数。 第三条　设备交付时间、交付地点：按附件要求于 2020 年 7 月 30 日前分批交付，交付地点：××市工委办公楼。 第四条　设备价款、报酬（或使用费）及其支付方式：18950 元/台，经验收合格后 30 个工作日内甲方支付货款总价的 90%，余款至保修期满且乙方履行保修义务后支付。 第五条　双方权利及义务 甲方权利及义务： 1. 协调并提供乙方安装设备时所需水、电等。协调市工委向乙方提供材料、工具的临时存放地以及施工场所。 2. 甲方根据本合同规定按期向乙方支付合同款项。 3. 甲方配合乙方的安装、维护、维修工作。派人监管乙方现场施工情况，甲方现场代表由甲方指定。并负责对乙方设备安装进行验收。 乙方权利及义务： 1. 乙方应严格按照合同要求向甲方供货及安装设备并提供合格证。严格按照国家的规范、标准施工，接受甲方的监督，如有质量问题按规范及合同约定及时整改，并承担返工费用。 2. 设备安装期间乙方应遵守甲方对施工人员的管理要求，并做好安全防护工作，因乙方责任造成的一切事故及损失将由乙方承担。 3. 工程经甲方验收合格后 7 个工作日内，向甲方提供竣工资料（含产品合格证、检验证、隐蔽资料证）一式四套。 第六条　技术服务及售后服务：设备保修期 1 年，自验收合格之日开始计，在正常的操作和运行条件下，若发现确系由于货物的材料、设计等所导致的质量问题，乙方负全部责任，并免费更换零部件或整机。保修期满后如需乙方继续提供维修服务，双方重新洽谈合同。	本段首先解释了什么是合同签订管理、合同签订管理涉及事项。接着结合项目背景拟定了合同主要条款，且主要合同条款翔实、符合合同要求，充分说明了作者对合同的掌握非常熟练，也是对论文子题目 3 进行了重点响应，是主要得分点之一。最后一句承上启下，显得文章不呆板

优秀范文	点评
第七条 违约责任：乙方不能按合同约定安装期完工并通过验收（甲方原因除外），应赔偿给甲方造成的经济损失。 **第八条 争议解决办法**：合同所产生的一切争议，双方应通过友好协商解决，如协商不成，任何一方可向××市人民法院提起诉讼，费用由败诉方承担。 合同签订生效后，就进入了履行阶段	
二、合同履行管理 合同履行管理主要指对合同当事人按合同规定履行应尽的义务和应尽的职责进行检查，及时、合理地处理和解决合同履行过程中出现的问题，包括合同争议、合同违约和合同索赔等事宜。在合同履行过程中，我们首先协商解决，按照《中华人民共和国合同法》有关合同争议处理如下规定进行处理：质量要求不明确的，按照国家质量标准、行业质量标准履行。没有国家质量标准、行业质量标准的，按照通常标准或符合合同目的的特殊标准执行；履行费用不明确的，由履行义务一方承担等。如我们在合同履行过程中，对智能一体机从市工委运输至乡镇的费用承担产生了争议，于是我们根据《民法典》中"履行费用不明确的，由履行义务一方承担"这一原则解决了争议	本段首先介绍了合同履行管理的具体工作内容。接着阐述了合同履行过程中出现争议的处理原则，处理原则与《中华人民共和国招投标法》内容一致，说明作者对合同法较为熟悉，最后举例描述了履行费用不明确的处理办法。理论与实际较好地进行了结合
三、合同变更管理 项目的建设过程中难免出现一些不可预见的事项，包括要求修改或变更合同条款的情况，因而项目合同的变更必不可少。在本项目中，智能一体机原计划需求数量是 424 台，后来该市工委提出要增加 34 台，根据政府采购法的规定，为保证原有采购项目一致性或者服务配套的要求，可以继续从原供应商处添购，且添购资金总额不超过原合同采购金额 10%，于是我们向由市工委、××供应商、我公司共同组成的 CCB 提出了增购 34 台智能一体机的合同变更申请，CCB 审批后下达了同意合同变更的指令，然后我们本着"公平合理"的原则与××供应商协商，先确定了变更的数量以及供货细节，再确定变更设备的价格按原中标价进行核算。变更得以顺利实施，确保了项目在规定时间内完工	本段结合项目背景，举例说明了合同变更管理的管理流程，把管理理论应用于项目管理实际工作中。充分说明了作者有良好的实践与切身体会和经历
四、合同档案管理 合同档案管理（文本管理）是整个合同管理的基础。它作为项目管理的组成部分，是被统一整合为一体的一套具体的过程、相关的控制职能和自动化工具。合同文本是合同内容的载体，我们主要关注两方面内容，一是合同的正本、副本的管理，合同签订时我们就采取的是一式四份合同，其中正副本各两份，双方各执一份。同时把招标相关文件作为合同附件一同录入了合同档案管理系统，并由配置管理员纳入了配置管理。二是对合同文本格式的管理，我们所有合同一律采用计算机打印，明确规定了手写旁注和修改无效	本段采用了略写的方式，篇幅不长，但已把档案管理的内容表述清楚，为接下来的合同索赔管理预留出了篇幅
五、合同违约索赔管理 合同违约是指信息系统项目合同当事人一方或双方不履行或不适当履行合同义务，应承担因此给对方造成的经济损失的赔偿责任。合同索赔是项目中常见的一项合同管理的内容，同时也是规范合同行为的一种约束力和保障措施。如在合同履行过程中，由于××供应商的原因，导致合同中采购	本段先介绍了合同违约的定义，然后说明了合同索赔的意义，接着结合项目背景举例详细说明了合同索赔流程，索赔处理得当，有深入

优秀范文	点评
的智能一体机最后一批准 10 台设备未能按时到货，导致我们未能按时进行系统联调，由此给我方带来了一定的经济损失。于是我按合同索赔流程进行了索赔，先是在违约事件发生后的 28 天内向监理方提交了索赔意向书，在索赔通知书发出后的 28 天内，向监理工程师提出了补偿经济损失的索赔报告及有关资料，详细说明了索赔事件、索赔金额的计算等。监理工程师在收到送交的索赔报告有关资料后，于 28 天内要求我们进一步补充索赔理由和证据。我们在 28 天内，向监理工程师送交索赔的有关资料和最终索赔报告，由于违约事件清楚，索赔金额计算合理，最终监理方和××供应商认可了索赔，双方并未因此而产生隔阂。因为后期的良好合作，没有发生持续索赔	实践与体会。也是对论文子题目 2（2）的重点响应，是主要采分点
经过全体团队成员的共同努力，我们终于按期完成了项目，顺利通过了××市工委组织的验收。得到了双方领导的一致好评。本项目的成功离不开我成功的合同管理，特别是合同履行过程中出现问题的有效管理。当然，在本项目中，也有一些不足之处，如：在项目的实施过程中，由于供应商的原因，导致最后一批设备延期到货，导致了我们的系统联调无法按期进行，虽然没有影响最终的完工，但还是给项目带来了一定的影响。在今后的项目管理工作中，我将一如继往地加强学习，砥砺前行	本段为论文结尾，总结了项目成功经验与不足，最后表明了作者加强学习的决心

3.2.2　范文整体点评

1. 优点

本文架构正确，逻辑清楚、内容翔实、表达严谨，对合同管理有着很深入的实践和体会。非常好地切合题意，对论文要求均采用实例进行了重点响应，有较好的应用水平。是一篇能得 65 分左右的优秀论文。

2. 不足之处

结尾稍显仓促，成功经验和存在的不足一笔带过，没有展开，如果能详细说明本项目存在的不足具体如何解决，将更能体现项目经理对合同管理的优势。但此论文仍不失为在当次考试中，排名前几名的高分论文。

第4章
优秀范文 10 篇

历年论文考试都是以十大知识域为核心重点，因此对五大过程组、十大知识域的 47 个过程要有相当的理解。论文与案例是一体两面，案例中出现的问题，要在论文中避免出现。好的论文范文对论文考试会有相当大的帮助，下面以优秀论文真题为题目，从通过信息系统项目管理师考试且是以高分通过的学员的论文中，精选了涵盖 10 大知识域的范文，以供读者借鉴参考。

4.1 整体管理论文实战

4.1.1 2019 年下半年试题一

项目整体管理包括选择资源分配方案、平衡相互竞争的目标和方案，以及协调项目管理各知识领域之间的依赖关系。

请以"论信息系统项目的整体管理"为题进行论述：

1. 概要叙述你参与管理过的信息系统项目（项目的背景、项目规模、发起单位、目的、项目内容、组织结构、项目周期、交付的成果等），并说明你在其中承担的工作（项目背景要求本人真实经历，不得抄袭及杜撰）。

2. 请结合你所叙述的信息系统项目，围绕以下要点论述你对信息系统项目整体管理的认识，并总结你的心得体会：

（1）项目整体管理过程。

（2）项目整体变更管理过程，并结合项目管理实际情况写出一个具体变更从申请到关闭的全部过程记录。

4.1.2　写作思路

一、首先在背景中要体现出项目的背景、项目规模、发起单位、目的、项目内容、组织结构、项目周期、交付的成果，以及作者在其中担任的角色。

二、正文部分按整体管理的六个管理过程顺序写。

三、在整体变更控制管理过程中要写出一个具体变更从申请到关闭的全部过程记录。

四、结尾部分要写出对信息系统项目整体管理的认识，总结经验教训。

五、可以在开头和结尾着重强调整体变更控制做得好，紧扣论题。

4.1.3　精选范文

作者：唐徽　　　　信息系统项目管理师

2020 年 6 月，我作为项目经理参加了湖南省常宁市人民医院的信息管理系统集成项目。随着人民群众对健康需求的增多和重视，该医院当前的信息管理系统已经不能使患者满意，容易产生医患冲突。为了实现"以患者为中心"的服务宗旨，该院领导决定公开招标采购医院信息管理系统。2020 年 5 月 15 号的招标会中我公司以优质的产品、服务和价格，在公开招标中中标，并在 2020 年 6 月 10 日签订合同。该项目总预算 753.56 万元人民币，总工期 180 天，该项目的目标是建立以 HIS、PACS、LIS 和 EMR 软件为中心的医院信息管理系统，符合湖南省二甲医院信息管理系统标准。公司建立了项目部，任命我为项目经理。为了圆满完成这个项目，在项目的整体管理中我注重与相关干系人一起制订好资源分配方案、平衡相互竞争的目标和方案，执行和监控中，协调与管理好项目之间各过程。严格遵守变更管理流程处理工作中的变更。现对项目整体管理中的制订项目章程，制订项目整体管理计划，指导和管理项目工作，监控项目工作，实施整体变更控制和结束项目等几大过程组进行介绍。

一、参与制订项目章程，确定项目目标，为项目提供指导性文件，建立好院方与我公司之间的相互联系

发起人在制订项目章程前，我被院方任命为该项目的项目经理。我们依据项目合同和相关资料召开会议，制订了项目章程，其主要内容是：随着人民群众对健康需求的增多和重视，需建立符合湖南省二甲医院信息管理系统标准的医院信息管理系统，该项目的主要风险是医疗政策和信息技术变化的风险，总里程碑进度计划内容分为前期（接口开发，基础数据收集，系统培训，系统安装及测试，系统联调，新老系统切换，新系统上线和后期工作）和后期（运营维护）工作。总预算为 753.56 万元人民币，工期为 180 天。委派我为项目经理，该院的院领导班子为发起人。会后项目章程经院方主要负责人签字批准，标志项目正式启动。

二、制订科学合理的项目整体计划，为后期工作提供指导

作为该项目的负责人，在编制计划过程中，与院方相关工作人员和一些专家，召开会议，参照项目章程、事业环境因素和组织过程资产，整合其他子计划（范围、进度、成本、质量、人力、沟通、干系人、采购和风险等计划），编制了科学、合理、灵活及符合实际情况的项目整体管理计划。

其内容包括：根据项目的重要性和实际情况进行资源分配，分别给 HIS 项目组安排技术人员 10 名和 10 台笔记本、PACS 项目组安排技术人员 6 名和 6 台笔记本、LIS 项目组安排技术人员 6 名和 6 台笔记本、EMR 项目组安排技术人员 5 名和 5 台笔记本。为平衡项目之间的相互竞争，我明确好各项目组的负责人和其团队成员的职责和工作内容，制订好相关的奖罚措施，并要求其严格进度、成本和质量的目标和执行方案。要求院方为项目组安排部署相关人员参与各个项目沟通、协调和处理相关问题。对于相关问题我们召开会议进行讨论。

三、指导和管理项目工作，协调好项目各过程，得到满意的可交付成果

我作为项目经理，在实施过程中充分重视对项目进行定期性跟踪，收集工作绩效数据（项目当前 AC、PV、EV）。加强质量保证工作，实施全面质量管理，对相关干系人进行质量培训工作，以提高其质量意识，减少质量带来的风险，对于不符合标准的，及时处理，涉及基准的改变的，及时提交变更申请。针对风险，多方面识别风险，加强监控，实施应急管理计划。通过项目管理办公室与项目干系人的积极沟通和协商，减少双方因沟通不到位而引起的相关问题，得到相关干系人的支持和理解，保证项目按计划实施。对阶段性的可交付成果召开项目阶段会议，进行总结、分析、改进。会议中，及时了解院方对项目的意见和建议。对会议内容进行归纳总结，形成项目文件，上报公司高层和院方主要负责人。严格遵守相关流程处理批准的变更请求。

四、监控项目工作，完善工作流程，提高工作效率

在实施期间，我主要采取挣值管理方法对项目的进度和成本进行综合监控，每周星期五下午与院方干系人，项目团队，召开周会，会议中对当前工作碰到的问题、绩效信息进行分析，看是否有偏差。例如在项目进行到中期的时候，我们进行了绩效分析得到绩效报告，PV=200 万元，AC=190 万元，EV=180 万元，计算得出 SV=-20 万元，CV=-10 万元，由此得出进度落后，成本超支。为此我们采取了几项措施，主要包括：向公司要求增派高效的人手，内部进行了几期培训，对活动安排进行了适当调整等，取得了明显的效果，一个月后，成本和进度都达到了计划的要求。

五、实施整体变更控制中严格按照变更流程进行变更处理

我们严格按照变更管理流程实施整体变更控制。其中一次变更是在综合布线的一次活动中，我们准备开始光纤接入，从老机房连接到新机房，其中间隔 1 栋建筑，老机房在门诊 4 楼，新机房在综合大楼的 8 楼，合同中光纤线的采购有 800 米，小郑实际观察周围建筑，大概估算了一下线路，觉得只需要 700 米光纤线就足够了，于是小郑找到院方负责人汇报该情况，希望修改该采购数量以节约成本。小郑和他一起勘察了周围情况，之后他觉得小郑的建议符合实际情况，觉得有必要进行变更处理，于是小郑提交了变更申请，我初步审核了该变更申请，提交给 CCB，经 CCB 批准后，然后对变更日志进行更新，记录了该变更。在我和院方的监控下，通知相关人员进行采购合同的修改和变更执行，最后进行了评估，该变更为院方节约成本近 1 万元，受到了院方的高度赞扬。

六、项目管理收尾和运营维护，做好产品的移交，取得双方满意的结果，并进行组织过程资产总结

通过以上措施，保证了项目顺利进展，在 170 天完成了该院的医院信息管理系统，该系统主要功能满足了院方的实际要求，成本花费在 742.5 万元人民币，提前了 10 天，节约成本近 10 万元人

民币，受到了院方的高度赞扬。随后进行了项目验收，双方撰写了验收报告，提请双方工作主管认可。双方在项目总结大会上，院方领导及我公司高层对我们的工作情况及团队成员的绩效表示认可，对发现问题并进行改进的举措高度赞扬，了解过程中出现的值得吸取的经验并总结，最后对会议讨论形成文件，经所有人确认，完成项目收尾工作，随后交于其他同事运行维护该院的医院信息管理系统。

七、总结

该项目经过全体成员 170 天的努力，得以顺利完成。我们的项目组赢得了公司与客户的一致好评。项目的成功很大程度上，与我们制订好资源分配方案、平衡相互竞争的目标和方案，在执行和监控中，协调和管理好项目之间各过程并严格遵守变更管理流程处理工作中的变更有关。但是在项目培训过程中，由于对医护人员的工作时间没有充分考虑好，耽误了三天的时间。于是即使与有关领导沟通好，我采取措施，根据医护人员的工作安排调整了该培训计划，成功在规定培训工期内完成工作。这次教训告诉我在以后的工作中一定要结合实际情况，及时了解相关干系人的工作和休息时间，来制订计划。我把这次教训总结在我自己的工作失误笔记中，以备为后期项目提供组织过程资产。

4.2　范围管理论文实战

4.2.1　2021 年上半年试题一

1．概要叙述你参与管理过的一个信息系统项目（项目的背景、项目规模、发起单位、目的、项目内容、组织结构、项目周期、交付的成果等），并说明你在其中承担的工作（项目背景要求本人真实经历，不得抄袭及杜撰）。

2．请结合你所叙述的信息系统项目，围绕以下要点论述你对信息系统项目范围管理的认识，并总结你的心得体会：

（1）项目范围管理的过程。

（2）根据你所描述的项目范围，写出核心范围对应的需求跟踪矩阵。

3．请结合你所叙述的项目范围和需求跟踪矩阵，给出项目的 WBS（要求与描述项目保持一致，符合 WBS 原则，至少分解至 5 层）。

4.2.2　写作思路

一、首先在背景中要体现出项目的背景、项目规模、发起单位、目的、项目内容、组织结构、项目周期、交付的成果，以及作者在其中担任的角色。

二、正文部分按范围管理的六个管理过程顺序写。

三、在收集需求管理过程要结合项目背景写出核心范围对应的需求跟踪矩阵。

四、在创建 WBS 管理过程中要写出项目的五层 WBS，画图表示或文字描述均可。

五、结尾部分要写出对信息系统项目范围管理的认识，总结经验教训。

六、可以在开头和结尾着重强调需求跟踪矩阵和五层 WBS，首尾呼应，画龙点睛。

4.2.3　精选范文

作者：胡强　　信息系统项目管理师

为提高药品检验检测的工作效率和质量，降低运行成本，并做到风险可控，实现实验室系统的专业化、智能化、系统化、无纸化，进一步提升对药品监管的检验检测技术支撑水平，2020 年 4 月某市药检所（公益一类事业单位）公开招标智慧检验管理平台项目，我司由于资质优势顺利中标，中标价为 422 万元，项目建设工期为 15 个月。公司在考察了多名候选人之后选择了我担任项目经理一职，负责项目的全面管理工作。项目包含药品监督抽检管理、生物制品检验管理、化妆品监督检验管理等 18 个新增业务子系统开发，和进口药品/药材检验管理、仪器设备管理、采购与库存管理等 7 个业务模块的升级改造，以及原有系统数据迁移等。数据库使用 Oracle 搭建双机热备集群，采用 SOA 架构进行研发。由于某市药检所领导对项目期望很高，本项目涉及业务繁杂，有些业务模块已经在线运行多年但是文档缺失，要在规定的时间内完成相当困难，必须保证项目范围不蔓延、不返工。为保证项目能按计划完成且一次过关，我严抓项目范围管理各个过程，着重加强了对需求跟踪矩阵的管理跟踪和对 WBS 的合理分解并结合做好干系人沟通和质量管理等工作。

一、规划范围管理，为整个项目的范围管理提供指南和计划

在项目规划阶段，我根据项目管理计划、项目章程、事业环境因素和组织过程资产等资料，邀请了双方的管理层和客户方的项目经理、监理方的项目经理、我的专家骨干一起以专题会议的形式，结合实际对公司模板进行了裁剪，确定了项目范围管理计划和需求管理计划。在范围管理计划中定义了如何创建、维护和批准 WBS，明确了以模块为单位进行范围确认和交付。在需求管理计划中，我们统一明确了如何规划、跟踪和汇报各种需求活动，干系人如何参与需求活动，为后续收集需求工作顺利开展奠定了良好的基础。

二、收集需求，为实现项目目标而确定、记录并管理干系人的需要和需求

在制定范围管理计划和需求管理计划之后，我和需求工程师根据范围管理计划和需求管理计划、干系人登记册，对业主方高层、项目科负责人进行了访谈，跟业主方职能部门召集了引导式研讨会。由于需求至关重要，我们担心部分干系人对项目支持力度不足，会影响收集需求工作的开展，我请药检所领导以红头文件强调了项目的重要性，明确要求各业务科室配合工作，提高本项目相关工作优先级。在此过程完成后，我们获得了初步的需求文件，并生成了需求跟踪矩阵以便跟踪需求变化。例如在需求文件中的核心用例"UC02 药品监督抽检"，在上游需求跟踪矩阵中可以找到对应原始需求 FR03，该原始需求提出从国家、省、市等单位抽检平台委托受理药品监督抽检，提出人为检验科孙科。而用例"UC02 药品监督抽检"在下游需求跟踪矩阵中对应的系统功能为"Y11 药品监督抽检管理"，可交付成果为各业务子功能与国抽、省抽、市抽系统接口。我们对两张需求跟踪矩阵保持正向跟踪和反向跟踪，正向跟踪确保干系人提出的原始需求在需求文件中均有用例体现，也确保需求文件中的用例均有对应的可交付成果；反向跟踪则确保每一个可交付成果均在需求

文件中有对应的存在原因，每一个用例均有对应的原始需求。而两张需求跟踪矩阵通过用例编号保持一致。

三、定义范围，确认做且只做的事

在收集需求之后，我和全体项目组成员根据范围管理计划和收集到的需求文件召开了会议，参考分析了同类的产品，对范围的边界进行了定义，确定了可交付成果、验收标准和制约因素等。例如系统应实现药检所内、外各系统间的整合，保证数据关联，避免数据的重复录入，增强信息的准确性和共享性；应提供符合国密要求的电子报告认证服务，电子报告认证服务应符合《安全电子签章密码应用技术规范》《信息安全技术电子签章产品安全技术要求》等技术标准和安全规范。结合以上成果，会议后编制形成了项目范围说明书。

四、创建 WBS 和 WBS 词典，形成范围基准

在定义范围之后，我和项目组成员们根据范围管理计划和项目范围说明书以及需求文件，按照擅长的领域分组对不同的内容进行了讨论，根据 8/80 原则，对项目层层分解来获得工作包。根据项目范围和需求跟踪矩阵以及 SOA 架构，自上而下分别按工作类别、业务模块、业务流程、服务、操作进行分解，共划分为 5 层的 WBS。第一层为工作类别，分别为"Y1 系统开发""Y2 设备采购""Y3 数据迁移"等；第二层为业务模块，分别为"Y11 药品监督抽检管理""Y12 生物制品检验管理""Y13 化妆品监督检验管理"等；第三层为业务流程，分别为"Y111 药品监督抽检""Y112 抽检复核"等；第四层为服务，分别为"Y1111 业务办理""Y1112 检验""Y1113 结果签发"等；第五层为操作层，分别为"Y11111 同步抽检平台数据""Y11112 业务受理""Y11121 称样""Y11122 留样"等。每个工作包定义了里程碑和可交付成果，指定了唯一的负责人，再对工作包进行编码和详细描述得到了 WBS 和 WBS 词典。

会后我们整理了以上成果并提交到双方高层和监理审批，批准后纳入了基线管理形成范围基准，更新了项目管理计划和相关的项目文件，为后续工作提供指导，并把以上成果以邮件方式发送给了相关干系人。阶段性成果获得了双方高层的首肯和支持。

五、结合质量控制，以确认范围来验收可交付物

确认范围是正式验收项目已完成的可交付物的过程。随着项目的持续进行，一个个工作包执行完成，一批批可交付成果被产出。我根据项目管理计划、需求跟踪矩阵和需求文件，和业主方、业务处室、监理一起对已通过质量检查确认的可交付成果进行逐项验收。不同干系人对项目有不同的需求，我们发现这些需求也会随时间变化，我们在验收的同时，也在更新需求跟踪矩阵，让系统与干系人的期望尽量一致。验收的结果形成阶段性的报告以邮件的方式发给相关干系人。

六、控制范围紧密围绕范围基准，严防范围蔓延

控制范围是监督项目和产品的范围状态、管理范围基准变更、进行范围纠偏的过程。我们根据项目管理计划、需求跟踪矩阵、需求文件等资料采用多种措施进行范围控制。例如：查找可能引起范围变更的各种因素，提前采取预防措施；确保所有请求的变更按照项目整体变更控制处理；判断范围变更是否已经发生（例如政策发生了变化）；避免需求频繁多次变更；确保只有批准的变更被执行等。

经过 14 个月的开发建设，该项目于 2021 年 6 月底正式通过验收。项目整体实现了当初既定目标，通过新建 18 个业务模块开发和升级改造 7 个业务模块搭建成了某市药品的智慧检验管理平台，整体提升了某市药品检验所实验室管理现代化水平，实现了药品检验的流程化、自动化管理。项目最终比预算时间提前了 1 个月，获得公司领导的好评和嘉奖。这主要得益于我们牢抓项目范围管理，对需求跟踪矩阵的管理跟踪和对 WBS 进行了合理分解，因而在项目实施中，既达到了业主方的建设要求，又保证了范围不蔓延、不返工。但在项目中出现项目配置管理员变动，造成了暂时性的混乱，经过紧急梳理最终理顺了配置文件。这一教训我记录在了工作日志中，将在后续的项目中予以避免。

4.3 进度管理论文实战

4.3.1 2021 年下半年试题二

项目进度管理是在项目实施过程中，对各阶段的进展程度和最终完成期限进行管理。其目的是保证项目能在满足时间约束条件的前提下实现其总体目标。

请以"论信息系统项目的进度管理"为题进行论述：

1．概要叙述你参与管理过程的信息系统项目（项目背景、项目规模、发起单位、目的、项目内容、组织结构、项目周期、交付的成果等），并说明你在其中承担的工作（项目背景要求本人真实经历，不得抄袭及杜撰）。

2．请结合你所叙述的信息系统项目，围绕以下要点论述你对信息系统项目进度管理的认识，并总结你的心得体会：

（1）项目进度管理的过程。

（2）如果在进度管理过程发生进度延迟，请结合实践给出处理办法。

3．请结合你所叙述的信息系统项目，用甘特图编制一份对应的项目进度计划。

4.3.2 写作思路

一、首先在背景中要体现出项目的背景、项目规模、发起单位、目的、项目内容、组织结构、项目周期、交付的成果，以及作者在其中担任的角色。

二、正文部分按进度管理的七个管理过程顺序写。

三、在制订进度计划管理过程中要结合项目背景用甘特图编制一份对应的项目进度计划。

四、在进度控制管理过程中，要写出进度管理过程发生进度延迟了的解决措施。

五、结尾部分要写出对信息系统项目进度管理的认识，总结经验教训。

六、可以在开头和结尾着重强调甘特图的作用和如何进行进度控制，首尾呼应，画龙点睛。

4.3.3 精选范文

作者：刘开向   信息系统项目管理师

近两年来，旅游业已成为贵州省经济引领产业，随着游客数量的不断增加，景区的管理和服务面临着巨大的挑战。习总书记曾强调，安全生产要"零容忍、全覆盖"，据此，××景区提出智慧安防信息系统项目建设方案，并进行了公开招标，我公司顺利中标，并专为该项目成立了项目部（即项目型组织），2021 年 3 月，公司通过发布项目章程任命我为项目经理，全面负责该项目的建设管理，该项目共投资 492.18 万元，建设工期为 6 个月。包括视频监控、客流分析、消防安全、应急预警等 5 个管理子系统的开发集成。通过该项目的建设，实现了该景区各安防管理子系统的跨平台、跨网络、跨终端应用和景区的信息资源共享，从而提升景区的安防管理服务水平，吸引更多的游客，促进地方经济发展。该项目采用 J2EE 平台和 SOA 面向服务的架构，采用"高内聚、低耦合"的模块化设计原则，确保该信息系统满足动态升级需要。

由于贵州省 2021 年旅发大会将于 2021 年 10 月在该景区举行，旅发大会是该景区对外形象难得的展示机会，系统需按期上线，因而项目的进度管理显得尤为重要。在项目实施过程中，我从宏观视角来审视项目，把进度与质量、成本、范围各约束目标进行综合协调，并在进度管理过程中，采用甘特图的形式向干系人展示进度信息，把项目活动列于纵轴，日期排于横轴，活动持续时间则表示为按起止日期定位的水平条形。让干系人对项目的进展状况有更为清晰直观的了解，与干系人进行全面、有效的沟通，并在项目进度落后时采用赶工、快速跟进等措施，最终按期实现了项目目标。本文我以该项目为例，从编制进度管理计划、活动定义、活动排序、活动资源估算、历时估算、制定进度计划、进度控制几方面论述了信息系统项目的进度管理。

1. 制定进度管理计划，为项目进度管理活动提供指南

详尽而可操作的进度管理计划是统筹安排整个项目管理的基础。我们根据项目章程和公司的进度管理计划模板，与干系人一起采用会议的形式，明确了项目进度网络图采用单代号网络图、采用甘特图展示进度计划和进行进度报告，计量单位为人日，绩效测量规则采用挣值管理，确定了进度控制临界值为 8%等。整理后形成了项目进度管理计划，为避免后期干系人对进度管理计划认知不一，我组织相关人员进行了审批，审批后纳入了项目配置管理，为后期的进度管理提供了指南。

2. 活动定义，把工作包分解为更详细的活动

此过程需要把 WBS 中的每个工作包都分解成活动，以便通过这些活动来完成相应的可交付成果。为了得到更好、更准确的结果，同时激发团队成员参与项目的积极性，我让全体团队成员参与分解过程，把 WBS 工作包分解成了一对一或一对多的活动。如我们将客流统计工作包分解成了客流统计需求收集、客流统计模块设计、客流统计模块开发、安装调试等，最后形成了活动清单、活动属性、里程碑清单。且利用滚动式规则，随着项目进展不断细化。

3. 活动排序，定义活动间的逻辑顺序，确保工作高效率

活动定义完成后，我们接下来就对活动间的逻辑关系进行识别和记录。我们根据进度管理计划、活动清单等，对所有活动的依赖关系进行了识别，把其分成了 F-F、F-S、S-S、S-F 几种逻辑关系，如客流统计需求收集与客流统计模块设计为 F-S 关系，客流统计需求收集与客流预警需求收集为 S-S 关系，为更准确地表达活动之间的逻辑关系，我们根据强制日期、制约因素在活动间使用了提前量或滞后量，以获得工作的高效率。随后利用 MSProject 工具绘制出了前导图。

4. 活动资源估算，确定活动所需资源，提高历时估算的准确度

活动排序完成后，我们开始估算项目活动所需资源，包括种类和数量。我们以活动清单为依据，结合风险登记册和活动成本估算，根据公司发布最新的生产率信息与资源单位成本，采用自下而上估算的方法，把所估算的单个活动所需资源逐级进行汇总，最后估算出各活动所需资源的种类和数量，如客流统计模块设计需 1 名系统分析师和 1 名架构师、两台笔记本电脑，客流统计模块开发需要 1 名高级程序员 3 名中级程序员、3 台笔记本电脑等。得到了活动资源需求后，把其按人力资源、材料资源、设备资源、工具软件资源等进行分类，形成了资源分解结构。详尽的资源估算为提高历时估算的准确度打下了良好的基础。

5. 活动历时估算，为制订进度计划提供主要输入

活动历时估算是根据资源估算的结果，估算完成单项活动所需工作时间过程。为避免估算方法单一，估算结果偏差过大的问题，我们根据活动清单和活动资源需求等，对不同的活动采用不同的方法进行了历时估算，如针对相对信息较少的客流统计模块设计活动，我们采用类比估算得出其历时为 15 天；针对不确定性较高的外购设备活动，我们采用三点估算法估算得出其历时为 14 天，针对容易量化的如客流统计模块安装调试活动，我们采用参数估算得出其历时为 3 天等。准确的活动历时估算，为后续的制订合理进度计划打下了坚实的基础。

6. 制订进度计划，创建项目活动进度模型，确定进度基准

基础工作完成后，我们着手创建项目进度模型，建立进度基准。我们根据项目活动清单、网络图、历时估算等，采用关键路径法创建了进度模型，该项目的关键活动为客流分析需求获取、系统分析、客流统计软件开发、视频监控设备安装、系统集成、项目验收等，项目总工期 182 天，同时为应对未知风险，我们预留了 18 天的管理储备。为了让项目干系人能直观清晰地掌握项目进展情况，我们绘制了如下横道图：

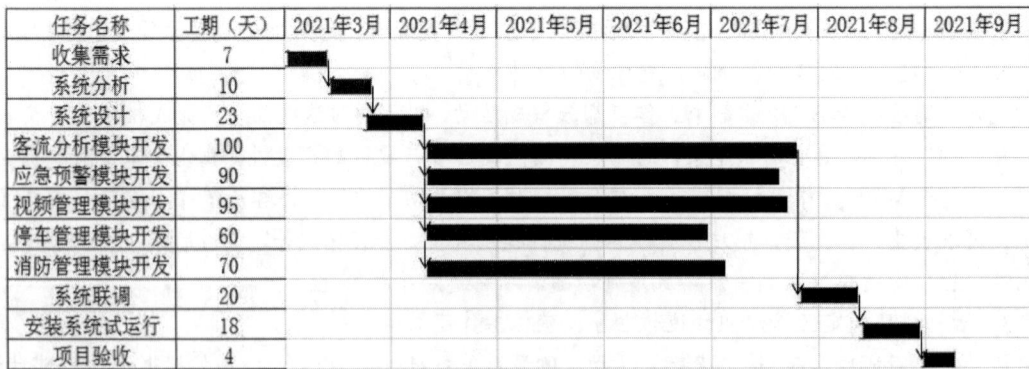

任务名称	工期（天）	2021年3月	2021年4月	2021年5月	2021年6月	2021年7月	2021年8月	2021年9月
收集需求	7							
系统分析	10							
系统设计	23							
客流分析模块开发	100							
应急预警模块开发	90							
视频管理模块开发	95							
停车管理模块开发	60							
消防管理模块开发	70							
系统联调	20							
安装系统试运行	18							
项目验收	4							

该进度计划经批准后成为了进度基准，同时还输出了进度数据、项目日历等。为后续的进度控

制提供了绩效测量依据。

7. 进度控制，监督进度绩效，降低进度风险

进度控制是监督项目活动状态，更新项目进展，管理进度基准的过程。在该过程中，我们以进度基准、项目管理计划为依据，在前期甘特图的基础上，通过将活动的实际进展情况与原定计划进行对比，绘制了"跟踪横道图"，通过跟踪横道图，可以清晰直观地发现项目实际进度与进度基准之间的偏差。然后与挣值管理方法相结合，进行绩效测评，如在针对客流统计模块开发中，我们通过跟踪横道图，发现实际进度与计划滞后了 7 天，同时项目成本节约，我们分析后发现是开发小组中有 1 名新成员欠缺开发经验所致，我随即采用赶工，组织项目成员适当地加班，同时让高级程序员协助开发，对其进行传帮带，另外还通过加强质量管理等方法赶上了进度。同时如有变更，严格按照变更管理流程进行管控，并及时更新项目进展及相关文件。

经过我们团队的共同努力，我们按期完成了项目，实现了项目目标，得到了双方领导的一致好评。本项目的成功离不开我成功的进度管理，特别是采用甘特图对进度进行跟踪，能让管理层和项目团队成员清晰地掌握项目进展情况。发现问题，及时根据项目实际情况，采用赶工、快速跟进、使用高素质资源等方法进行纠偏。当然，在本项目中，也有一些不足之处，如在项目的实施过程中，由于受疫情影响，部份团队成员五一节回家后未能按时归队，导致项目中期进度受到一定的影响，最终我通过采用远程办公的方式组建虚拟团队，同时通过赶工、加强质量管理等措施，较好地解决了受疫情影响这一问题。

4.4　成本管理论文实战

4.4.1　2020 年下半年试题一

1. 概要叙述你参与管理过的信息系统项目（项目的背景、项目规模、发起单位、目的、项目内容、组织结构、项目周期、交付的成果等），并说明你在其中承担的工作（项目背景要求本人真实经历，不得抄袭及杜撰）。

2. 请结合你所叙述的信息系统项目，围绕以下要点，论述你对信息系统项目成本管理的认识，并总结你的心得体会：

（1）项目成本管理的过程。

（2）项目预算的形成过程。

4.4.2　写作思路

一、首先在背景中要体现出项目的背景、项目规模、发起单位、目的、项目内容、组织结构、项目周期、交付的成果，以及作者在其中担任的角色。

二、正文部分按成本管理的四个管理过程顺序写。

三、在成本预算管理过程中要结合项目背景写出制订预算步骤。

四、结尾部分要写出对信息系统项目进度管理的认识，总结经验教训。

4.4.3　精选范文

作者：刘开向　　　信息系统项目管理师

2020 年 5 月，我公司顺利中标某市"智慧法院"信息系统建设项目，公司通过发布项目章程任命我为项目经理，全面负责该项目的建设管理。该项目共投资 692.68 万元人民币，建设工期为 8 个月，主要依托音视频处理、人工智能、大数据等先进技术，以提供 AI 能力平台和数据服务为基础，围绕"智慧审判、智慧执行、智慧诉服、智慧管理"方向，为法院用户提供智慧庭审、智慧警务、智能审务督察等系统解决方案。助力"智慧法院"建设提档升级，体现人民法院"看得见的正义"。

由于本项目涉及全省 87 个县市法院，范围广、干系人众多，且公检法政府部门的信息系统有其严格的行业开发标准，素以高质量、高可靠、高安全、高效率著称，因而项目的成本管理显得尤为重要。项目成本管理是使项目在批准的预算内完成而对项目成本进行规划、估算、预算、控制的各个过程。在此过程中，往往由于对项目认识不足、组织制度不全、方法问题、技术制约和需求管理不当等原因造成项目成本失控，导致项目失败。本文我以该项目为例，从制定成本管理计划、成本估计、制订预算、成本控制几方面论述了信息系统项目的成本管理。

1. 制定成本管理计划，为管理项目成本提供指南和方向

制定成本管理计划是为规划、管理、花费和控制项目成本而制定政策、程序和文档的过程。为了便于干系人后续参与项目成本管理，我邀请法院代表、业务专家及项目团队成员和公司财务部门等相关干系人采用会议的形式，对成本管理计划的内容进行了明确，把项目成本按是否直接归属项目划分成了直接成本和间接成本，直接成本包括项目人员工资、设备采购费用、系统开发等费用，间接成本包括税金、保安、综合管理等费用。并明确了项目成本计量单位为万元，绩效测量规则采用挣值管理，成本报告的格式以及成本控制临界值为 8% 等。此计划经审批后为后续的成本管理提供了方向和指南。

2. 成本估算，确定项目工作所需的成本数额

成本管理计划编制完成后，我们开始着手成本估算，成本估算是对完成项目活动所需资金进行近似估算的过程。为解决项目成本估算与实际成本偏差过大的困难，我们根据成本管理计划、范围基准、风险登记册等，采用不同的方法对项目成本进行了估算，并注明了估算依据，主要过程如下：①识别并分析成本构成科目，本项目主要包括人力成本、设备购置成本、材料成本、应急储备等科目。②根据识别的成本构成科目，采用不同的估算方法估算每一科目成本大小。针对人力成本科目费用，我们参照历史项目采用类比估算法进行估算；针对设备成本，我们根据市场价乘以数量的参数估算法进行估算；针对材料成本，我们采用三点估算法进行估算。③分析成本估算结果，找出各种可以相互替代的成本，协调各种成本之间的比例关系。最终我们估算出项目人力成本（包括开发成本）为 318.46 万元；设备采购成本为 168.44 万元；差旅费为 20.10 万元、管理成本为 58 万元、应急储备为 49 万元等。不同估算方法的混合使用，提升了成本估算的准确度，为后续的制订预算

打下了良好的基础。

3. 制订预算，确定项目成本基准，为监督和控制成本绩效提供依据

成本估算完成后，我们开始制订预算，制订预算是汇总所有单个活动或工作包的估算成本，建立一个经批准的成本基准的过程。我们根据项目成本估算结果、范围基准、资源日历、项目进度计划等，首先把估算的成本分配到了相应的工作包上，比如法院审务督察模块，我们把其分为了远程接访、远程提讯、执行指挥、安保监控等工作包，给每个工作包分配了相应的成本；接着我将工作包的成本分配到相应的活动上，比如安保监控工作包划分安装监控图纸设计、音视频布线、设备采购、摄像头安装、设备调试等活动，其中安装图纸设计成本 1.2 万元、音视频布线 7.8 万元、设备采购 48.79 万元、摄像头安装 6.6 万元、设备调试 5.5 万元。最后我们确定了各成本的支出时间，随后利用成本汇总工具，得到工作包的总成本为 581.07 万元，应急储备 48.21 万元，形成了预算计划，此预算计划经审批后成为了项目成本基准，本项目成本基准为 629.28 万元，此基准成为项目监督成本绩效、控制成本的依据，为便于后续成本控制，我们把按时间段分配的成本基准绘制成图，得到了一条 S 曲线。另外为了应对未知-未知风险，我特别预留了 63 万元的管理储备。特别需要注意的是，成本基准中没有包含管理储备。

4. 成本控制，监督成本绩效，降低项目风险

成本控制是监督项目状态，以更新项目成本，管理成本基准变更的过程，是成本管理的重点和难点，在该过程中，容易出现因过度关注成本而忽略了项目进度、质量等的现象，因此我们以成本基准为依据、项目管理计划为指导，采用了挣值管理进行绩效测量后，进行绩效审查，查找分析偏差，形成工作绩效信息，及时采取纠偏措施或预防措施，从而保证了成本的可控。如在项目中期的一次绩效测量中，CPI=0.91，SPI=1.05，项目进度超前，但成本超支，我们分析后发现是项目初期进度落后，我增加了两名高级程序员所致，于是我抽出了三名中级程序员，补充了一名高级程序员。经过一段时间后，项目进展顺利。同时，我们还加强成本预测和变更管理，如有变更则严格按变更管理流程进行管控。另外还定期给双方高层发送成本绩效报告，不定期地与相关干系人开展座谈，听取反馈意见。科学的监控和有效的沟通，确保了项目成本可控，有效地降低了项目风险。

经过全体团队成员的共同努力，我们按期完成了项目，实现了项目目标，顺利通过了法院方组织的验收，得到了双方领导的一致好评。本项目的成功离不开我对项目成本的科学管控，特别是在成本估算过程中，采用多种方法进行估算，提升了估算的准确率，同时在成本控制阶段，把成本、进度、范围等目标进行综合管理，形成了相互促进的良性循环。当然，在本项目中也还存在一些不足，如：项目初期由于项目公司程序员紧缺，我们招聘了较多的新成员，导致项目前期虽然成本节约，但进度一度滞后，后期我通过采取加强管理和培训，增加高素质人员等，不但赶上了项目进度，且新成员的技能也得到了长足的进步。

项目管理是一门新兴的学科，学无止境，我永远在路上。

4.5 质量管理论文实战

4.5.1 2018 年上半年试题一

1．概要叙述你参与管理过的信息系统项目（项目的背景、项目规模、发起单位、目的、项目内容、组织结构、项目周期、交付的产品等），并说明你在其中承担的工作。

2．结合项目管理实际情况并围绕以下要点论述你对信息系统项目质量管理的认识。

（1）项目质量与进度、成本、范围之间的密切关系。

（2）项目质量管理的过程及其输入和输出。

（3）项目质量管理中用到的工具和技术。

3．请结合论文中所提到的信息系统项目，介绍在该项目中是如何进行质量管理的（可叙述具体做法），并总结你的心得体会。

4.5.2 写作思路

一、首先在背景中要体现出项目的背景、项目规模、发起单位、目的、项目内容、组织结构、项目周期、交付的成果，以及作者在其中担任的角色。

二、正文部分按质量管理的三个管理过程顺序写，每个管理过程都要结合项目背景体现出输入、工具与技术和输出的应用。

三、项目质量与进度、成本、范围之间的关系可在各管理过程中融入，也可以在质量控制管理过程写完后另起一段单独写它们之间的关系。

四、结尾部分要写出对信息系统项目质量管理的认识，总结经验教训。

五、可以在开头和结尾着重强调项目质量与进度、成本、范围之间的关联，首尾呼应，画龙点睛。

4.5.3 精选范文

作者：王跃利　　信息系统项目管理师

为解决日常出行、外出旅游、酒店住宿、商场购物时，新能源汽车充电难，停车充电不能兼顾的问题，提升企业影响力和竞争力，××企业提出了电动汽车充电桩收费云平台系统建设工作方案。2020 年 5 月，我作为项目经理参与建设该项目，该项目投资 450.79 万元，工期为 6 个月。该项目目标是建立远程××企业充电桩远程控制系统，实现企业建设的各区域充电桩管理，能够远程启动充电、强制停止、功率限制等控制指令，并能够自行分析充电站运营情况，从多个统计维度、特征指标来分析充电收入的分布和变化规律，全面地了解企业整体营收情况。

质量是一组固有特性，质量管理与项目成本、进度同为项目三大约束目标，它们相互制约、相互影响，是能否交付满足项目要求的可交付成果的关键。本文我以该项目为例，从规划项目质量管理、实施质量保证、质量控制几方面论述了信息系统项目的质量管理。

一是抓好质量管理规划工作，为质量管理和确认提供指南和方向。

要做好质量管理，一个完备可行的质量计划是必不可少的。规划质量管理是所有质量管理活动的开篇，为整个项目中如何管理和确认质量提供指南和方向。

在本次项目的管理中，我深知质量管理规划的重要性，专门设立了项目专职质量保证人员（QA），以确保质量管理计划的制定和有效执行。项目质量计划制定前，我与项目组专职质量保证人员与机场方领导、使用部门以及本公司上层领导充分沟通，了解他们对本项目的质量要求与期望，确定了本项目的质量目标：①通过系统呈现的小程序或网站实现企业建设的各区域充电桩管理，能够远程启动充电、强制停止、功率限制等控制指令；②能够自行分析充电站运营情况；③从多个统计维度、特征指标来分析充电收入的分布和变化规律；④全面地了解企业整体营收情况。随后我们根据范围说明书中的项目范围，找出可能影响产品质量的项目要点，并采用流程图和检查表等方法进行逐一分析，确定需要监控的关键元素，设置整体项目实施过程中合理的检查点及测量指标，形成质量核对单和质量测量指标。

质量管理计划编制完成后，项目组邀请了甲方领导、使用部门负责人、本公司高层经理等相关干系人对质量管理计划、过程改进计划、质量测量指标和质量核对表等进行了评审，对评审中相关干系人提出的反馈意见，项目团队及时进行更新，以确保各方对质量计划的一致认可。

二是实施质量保证，促进质量过程改进。

质量保证是审计质量要求和质量控制测量结果，确保采用合理质量标准和操作性定义的过程。

在本项目的质量保证过程中，项目组专职质量保证人员及工作小组，主要采用质量审计的方式，实施质量保证。质量审计可以实现以下 5 个目标：①识别全部正在实施的良好/最佳实践；②识别全部差距/不足；③分享所在组织或行业中类似项目的良好实践；④积极、主动地提供协助，以改进过程的执行，从而帮助团队提高生产效率；⑤强调每次审计都应对组织经验教训的积累作出贡献。就本项目而言，项目开展的质量审计不仅仅是采取后续措施纠正问题，给项目带来质量成本的降低，提高客户对项目产品的接受度。还确认了已批准的变更请求（包括纠正措施、缺陷补救和预防措施）的实施情况。因为在整个实施过程中，质量审计针对电动汽车充电桩收费云平台系统接口开发、基础数据收集、系统培训、系统安装及测试、系统联调、系统上线等主要控制环节进行评价，有助于保证质量控制系统有效运行并实现其成果，由此大大拓宽了内部审计的领域并使质量审计的内容起了重要变化。

另一方面，在该过程中，按照过程改进计划，我们采用过程分析，查找出增值活动、非增值活动和浪费。在过程分析中，根据实际操作人员需求，因充电桩充电流程文字提醒仍有使用者看不明白，导致误操作引发的故障率较高，严重影响维护人员工作，要求增加与平台后台监管人员对话功能，对于这一增值活动，我与相关干系人经实际调查和研究后，甲方增加该系统，增加预算 10 万元，随后我做好相关文件，提交甲方和我方领导批准，批准后我随之安排好 WBS 等相关工作，做好项目文件和项目管理计划的更新。

三是抓好质量控制，确保实现质量目标

质量控制的主要目的：一是识别项目过程低效或产品低劣的原因，建议并采取相应的措施消除原因；二是确认项目可交付成果满足干系人既定需求足以进行最终验证。

在本项目的质量控制过程中，项目管理小组按步骤、有条不紊地开展质量控制，首先是选择控制对象，如在对电动汽车充电桩收费云平台系统接口设计过程中，确定接口连接匹配度作为控制对象；第二是为控制对象确定标准或目标，接口要有高度兼容性，与企业现有充电桩产品数据输出匹配；第三是制定实施计划，确定保证措施，项目管理小组制订了数据传输测试计划；第四是按照计划实施即可；第五是要在项目实施过程中采用控制图跟踪监测和检查，接口设计匹配度合理可用。如果发现问题，则利用因果图从"人机料法环"等方面找到问题的原因，采用措施确保质量符合要求。

这里只是简单举了一个控制点的例子，在项目的管理过程中，在各个重要控制点，如采购、安装、验证、测试等工作完成之时，实行阶段性审查和评审，对于发现的问题及时组织相应的责任人在规定的时间段内予以解决。

四是综合协调质量与成本、进度、范围的关系

质量与成本、时间、范围同为项目四约束，作为项目经理，我深知，如果质量不合格，必然会导致返工从而使项目成本增加、进度延误、范围扩大。同理，如果过度地关注质量，同样需要加大成本和时间投入，需要额外做更多的工作，因此，我们需要在质量与成本、进度、范围各目标之间进行统一协调，综合平衡，才能确保项目实现目标。在项目实施过程中，我要求既不能为了镀金而追求过高的质量标准，也不要为了一时相关指标的下降而降低质量要求，确保严格按制订好的标准实施等。

通过一步一步有力的质量保证和质量控制活动，该电动汽车充电桩收费云平台系统建设按照预定的方向一步步前行，我们按期完成了项目工作，满足了项目质量要求，顺利通过了企业方组织的验收。本项目的成功离不开我科学规范的质量管理。特别是通过加强质量保证，增加了团队成员质量意识，确保项目工作按计划流程进行，同时，把质量与成本、进度、范围进行综合协调、平衡。当然，在本项目管理中也存在不足之处，如在项目初期，有部分团队成员认为项目阶段评审就是走过场，不认真对待和配合。后期我通过邀请相关专家进行了质量培训，大家增强了质量意识，认识到了阶段评审的重要性，后期评审工作进展顺利。

4.6 人力资源管理论文实战

4.6.1 2019 年上半年试题二

1. 概要叙述你参与管理过的信息系统项目（项目的背景、项目规模、发起单位、目的、项目内容、组织结构、项目周期、交付的成果等），以及该项目在人力资源方面的情况。

2. 结合项目管理实际情况并围绕以下要点论述你对信息系统项目人力资源管理和成本管理的认识。

（1）项目人力资源管理的基本过程和常用方法。

（2）项目人力资源管理中涉及到的成本管理问题和成本管理中涉及的人力资源管理问题。

（3）信息系统发生成本超支后，如何通过人力资源管理来进行改善。

3．结合项目实际情况说明在该项目中你是如何进行人力资源管理和成本管理的（可叙述具体做法），并总结你的心得体会。

4.6.2　写作思路

一、首先本文属于双拼论文的范畴，论文要求以人力资源管理为主，属于一主一副的双拼论文。架构上以主论文为主，即以人力资源管理为主线写，把成本管理融入人力资源管理。

二、在背景中要体现出项目的背景、项目规模、发起单位、目的、项目内容、组织结构、项目周期、交付的成果，以及作者在其中担任的角色。

三、正文部分按人力资源管理的四个管理过程顺序写，把成本管理的四个管理过程融入其中。人力资源管理的管理过程中要体现出常用的管理方法。

四、要在团队管理过程中写出成本超支后，如何进行成本调控。

五、结尾部分要写出对信息系统项目人力资源管理和成本管理的认识，总结经验教训。

六、可以在开头和结尾着重强调项目人力资源管理与成本管理之间的关联，首尾呼应，画龙点睛。

4.6.3　精选范文

作者：唐徽　　　　信息系统项目管理师

2020 年 5 月，我以承建方项目经理角色参与了某支付机构的 2.0 支付系统项目，该项目投资 1200 万元左右，计划 11 个月完成。因业主方原有的系统已不满足业务需求，业主方董事会高层一致决定需要建立自身的优势来匹配积累的市场机遇。该项目重在重构业务流程，涉及到 IaaS 基础设施及 6 大子系统，经我方内部技术验证后与业主方积极沟通，形成一致的技术架构方案，以 DevOps 的理念将技术管理转为流程管理，以 docker、k8s、微服务的体系将流程管理转化为服务管理，结合熔断、降级、限流等技术确保 2.0 支付系统能够满足高可用性、可靠性、容错性、先进性、灵活性、可扩展性等特性。为保证项目按期保质保量完成，在规划人力资源管理中做好成本管理规划，组建项目团队中做好成本估算和预算工作，建设项目团队中做好成本执行工作、管理项目团队中做好成本控制工作，确保项目的人力资源和成本管理工作按基线进行，圆满完成项目。同时加强与业主方积极的沟通，在一定程度上减少了不符合组织战略目标的变更。最终该项目提前一个月完成并顺利验收，获得业主方一致好评，下面我将项目过程逐一说明。

一、在规划人力资源管理中做好人力资源成本规划，为后续工作提供指导

作为项目经理，规划好人力资源管理是一个项目成功的开始，我和我公司高层、相关专家根据项目管理计划、活动资源需求、事业环境因素和组织过程资产等相关文件资料召开会议，初步确认了组织图和职位描述。会中制定了人力资源管理计划，该计划的内容包括人员配备计划、初步文本型组织图、详细描述团队成员的角色和职责。

根据人力资源管理计划的人员配备计划做好人力成本的相关规划，本工作需要业务专家和需求分析师各 2 人，月薪是 8000 元/月，具体工作是需求调研和业务场景优化等工作。系统架构师 2 人，月薪是 10000 元/月，具体工作是负责系统的架构设计和质量把控等工作，并做好高级软件工程师，初级软件工程师，测试工程师等人员的月薪和职责。最后做好人员招募、培训、人员遣散、认可和奖励的相关费用，对 AB 人员备案做好管理储备大概是 10 万元。随后把人力成本相关文件更新到成本管理计划，指导项目人力管理和成本管理朝有利的方向发展，为下面后续工作做好准备。

二、组建好项目团队，做好人力成本估算和预算工作，为项目打下人力资源基础，更好地完成项目

组建项目团队是确认人力资源的可用情况，并为开展项目活动而组建团队的过程，其主要作用是指导团队选择和职责分配组建一个成功的团队。在确认了人员配备管理计划和文本型组织图后，开始组建项目团队并进行了人力成本估算和预算。组建项目团队时，我依据人力资源管理计划通过预分派、谈判等技术和工具形成项目人员清单等项目文件。预分派方面，我与我司各部门职能经理进行会议，在取得了理解和支持后，按照成本管理计划的指导，在会上初步预定了各岗位的人选，并做好这些人员的成本估算，大概费用为 200 万元。谈判方面，系统架构师在我司属于各项目竞争性资源，我司近期诸多项目也需场外支持，我向系统架构师人选承诺其只负责核心架构难点工作，在征得其认同后加入项目团队，其成本费用大概为 20 万元。

完成上述工作后，我根据人员清单核对人力成本估算，将业务专家和需求分析师、高级软件工程师和初级软件工程师、系统架构师实际可用人力成本，估算人力成本在 200 万元左右，在此基础上进行成本预算为 245 万元。然后把项目人员清单和成本预算上报高层，经高层批准后纳入相关计划，并更新相关计划和文件。

三、建设项目团队，执行好人力成本预算，让团队更有效率

建设项目团队是提高团队协同效率、项目绩效的过程，执行好人力成本会提高项目团队工作能力，促进团队成员互动，改善团队整体氛围，便于团队之间的沟通协调。建设项目团队时，依照成本基准的预算支出计划，对人力资源管理计划、项目人员清单和相关资料的分析，制定好相关建设项目团队的具体活动，其主要内容是：制定好基本规则，在其内容中强调奖罚制度。我从考勤、工作效率进行绩效考核，每月按预算支出计划对绩效前 3 名施行奖励制度，形成良性的竞争规则。定期进行团队建设活动，加强团队成员互动，改善团队整体氛围和沟通协调。在完成一个关键的里程碑的时候，我举行了一次团队聚餐和唱 K 活动，让大家在紧张的工作之后适当地放松一下自己，费用为 3226 元。加强对员工的培训，对于负责培训的人员奖励 200 元一次。

在建设项目团队过程中，通过严格遵守成本基准，整体项目绩效上我方高层与业主方高层一致满意，确保项目执行过程"人尽其事"。

四、管理项目团队，做好人力成本控制工作，更好地完成项目

管理项目团队是解决问题、优化项目绩效并控制团队变更的过程，控制成本监督项目成本、管理成本基准的过程。管理项目团队时，我依据对干系人的问题日志的分析，通过冲突管理方法管控项目团队；控制成本时，我依据对项目资金需求的分析，通过挣值管理等方法管控项目成本。

在此过程中，基于上述过程完善的管理，项目绩效整体在可控范围内，在业主方上级主管部门通知提前进行系统审计后，业主方期望 2.0 支付系统提前 1 个月完成，我依此形成问题日志与我方团队成员分析后，在成本基准的前提下，以现有人力成本赶工会造成更多的冲突，但管理冲突的目的是解决问题，无法满足在管理冲突的同时提前完成项目，业主方的诉求势必形成项目资金需求变化，我依此分析制订两种变更方案，一是减小项目范围，完成四大行、商业银行及部分城市商业银行的对接，其余城市商业银行、农村商业银行等不做对接；二是对成本基准进行变更，增加预算支出，投入更多的人力资源按原项目范围提前完工，我将变更方案在与业主方沟通后提交至变更控制委员会，经 CCB 决策后选择第一种变更方案，我依此组织项目团队实施，并对变更进行跟踪，在遵循成本基准的前提下满足业主方的诉求，确保该项目最终顺利验收。

在业主方的理解和支持下，在全体项目团队成员的努力下，该项目自 2020 年 5 月起，经 10 个月工期，较计划工期提前 1 个月完成，获得业主方一致好评。回顾项目过程，我深刻认识到科学结合实践的管理，才能最大程度在最短的时间内做最多正确的事情，我在多个过程中采用多种方法结合的方式在项目中形成了良好的实践，使得人力与成本能够相互兼容、促进，但在涉及到人力与成本的变更时有所不足，我优先考虑满足业主方提前完工的诉求，应该从资源成本优化的角度去考虑，能够形成更好的变更方案。对此，我都形成经验总结补充到我司知识库，以备参考学习。在今后的工作中，我将努力提升自我的业务水平、管理水平，力争为我国国民经济信息化、社会生活信息化作出贡献。

4.7　沟通管理与干系人管理论文实战

4.7.1　2019 年下半年试题二

1. 概要叙述你参与管理过的信息系统项目（项目的背景、项目规模、发起单位、目的、项目内容、组织结构、项目周期、交付的成果等），并说明你在其中承担的工作（项目背景要求本人真实经历，不得抄袭及杜撰）。

2. 请结合你所叙述的信息系统项目，围绕以下要点论述你对信息系统项目沟通管理的认识，并总结你的心得体会：

（1）项目沟通管理的过程。

（2）项目干系人管理过程，并结合项目管理实际情况制定一个具体的干系人管理计划。

4.7.2　写作思路

一、首先本文属于标准的双拼论文，架构上建议以五大过程组的顺序写，即按启动、计划、执行、监控、收尾过程组来写。同时可以把收尾过程组与常见的结尾合并，以收尾过程组为论文结尾。

二、在背景中要体现出项目的背景、项目规模、发起单位、目的、项目内容、组织结构、项目周期、交付的成果，以及作者在其中担任的角色。

三、正文部分按五大过程组顺序写，过程组中要写出沟通管理和干系人管理的管理过程。

四、要在规划阶段结合项目管理的实际情况写出一份干系人管理计划。

五、可以在背景和收尾过程组着重强调项目沟通管理与干系人管理之间的关联，突出论题。

4.7.3 精选范文

作者：唐徽　　　　信息系统项目管理师

2020 年 6 月，我参与了钢铁行业某公司 ERP 项目实施，该项目总预算 2200 万元人民币，建设工期为一年半。本项目主要完成公司 IT 整体规划（ITP）、BPR 业务流程优化、ERP 系统实施、MES 系统实施、ERP 和 MES 的接口、MES 与 PCS/DCS 的系统接口开发等功能。四级 SAP 系统主要以 ERP 的标准流程为依据，结合公司的 IT 整体规划，采用 Oracle 数据库实施。三级 MES 系统主要采用 B/S 架构，利用 SQL server 2005 数据库，采用 C#.net 技术进行功能开发。2020 年 5 月 15 号的招标会中我公司以优质的产品、技术、服务和价格，在公开招标中中标，并在 2020 年 6 月 10 日签订合同。在该项目的工作过程中，我重点加强了沟通和干系人管理，做好干系人识别，规划好沟通和干系人的管理计划，执行好管理沟通和管理干系人参与，控制好沟通和干系人参与。在沟通和干系人管理过程中，我特别注重与相关干系人的沟通和协调，每周召开会议，汇报相关情况，在过程中与相关干系人加强沟通，优化沟通途径和方法，取得干系人的支持和满意，因此圆满地完成了该项目，取得了甲方和公司的一致好评。

该项目干系人众多且复杂，有效的沟通管理对项目实施至关重要，是项目成功的保障。在建设过程中，我非常重视沟通管理的作用，充分识别项目干系人，了解他们的信息需求，制定详细沟通管理计划和干系人管理计划，并及时收集项目绩效，采用合适高效的沟通渠道，管理项目干系人，以平衡他们的期望，保障项目的顺利进展。下面我以该项目为例，叙述项目中的沟通管理和干系人管理。

一、在启动过程中，做好项目干系人识别工作，并分析他们的利益层次、个人期望、重要性和影响力，为项目的成功打下基础。

在项目启动后，我、相关专家和干系人，根据项目章程、采购文件等相关资料，采用干系人分析和会议的方法进行了干系人识别，利用权力/利益方格，对干系人进行分类，制定了干系人名册，其主要内容是：甲方领导、甲方项目负责的主要领导、相关职能部门负责人和工作人员、我方领导、我和项目团队成员、设备供应商等。

二、规划阶段，做好规划干系人管理和沟通管理，建立起对各个干系人的适度关注，并采取不同的沟通方式。

根据干系人名册和项目管理计划等相关文件，我、相关专家和干系人召开会议，制定了干系人管理计划，该计划为干系人互动提供指导，以获得他们的支持。该计划内容为：定期或不定期地进行干系人识别工作，对于不同干系人采取不同的措施，利用分析技术把干系人分为不了解、抵制、中立、支持、领导等。把项目发起人、建设方领导、承建方领导、团队成员等利用干系人参与评估矩阵，来记录这些干系人的当前参与程度。甲方项目负责的主要领导对项目有很高的权力，也很关注项目的结果，对其"重点管理，及时报告"。一般工作人员，没有权力，利益低，对其"随时告知"等。比如：定期对甲方重要领导汇报项目情况，令其满意；对甲方项目直接领导和职能科室负责人及骨干人员做到重点管理；对后勤科室相关干系人随时告知他们项目的状态，保持及时的沟通；对甲方公司其他相关科室，进行相关的沟通，争取他们的支持，并积极发现增值活动。我们制作了不同的文档，比如项目需求申请，满意度调查表等，以满足相关干系人的沟通需求。

做好规划干系人管理后，我随之进行了规划沟通管理工作，针对该公司的实际情况，因不同科室需要的系统不一样，比如甲方领导，甲方职能科室负责人和后勤部门上班时间和办公地点的不同，对甲方领导采取工作汇报和会议形式，向其当面汇报项目情况，其主要内容是当前工作进度、成本的工作绩效报告和后期工作安排和进度。估算了沟通管理需要的资源和费用。项目团队采取集中办公，定期召开会议，对项目中的活动进行分析和总结。加强干系人之间的相互沟通，减少不利的冲突。

会后整理好干系人管理计划、沟通管理计划和会议内容上报甲方领导和我方高层，经其批准，纳入基线管理，之后对项目文件和项目管理计划进行更新。

三、执行阶段，管理沟通中加强干系人参与管理，取得更好的沟通有效性和效果，获得干系人的支持，更好地完成项目工作。

项目在开展的过程中，根据沟通管理计划和干系人管理计划，我们要有效率和效果的沟通，取得干系人的支持，减少冲突和矛盾，使得项目可以更好地完成，取得双方都满意的结果。我和我的项目团队特别注重与干系人的沟通和管理干系人参与，对不同的干系人采用不同的沟通方法和技巧相当重要，一个好的沟通方法和技巧，可以使得双方在愉快的环境下，解决冲突和问题。该项目在基础数据收集阶段，我在制定好需求收集计划，经双方领导签字后，就立刻让人做好需求调查表，同时让项目管理办公室通知相关科室和干系人，我们要进行需求收集，希望相关干系人积极配合，协调好相关工作。然后进入各科室进行需求收集，与他们面对面交谈，指导他们，对我们公司的系统进行初步介绍，针对他们的需求解释我们系统中的功能模块，然后指导他们填写好需求调查表。最终圆满地完成了这次需求收集，而且比计划进度提前 5 天，受到了甲方和我方的高度赞扬。通过管理沟通和管理干系人参与，降低了一些干系人的抵制，我们取得了越来越多有效率和有效果的沟通，获得了干系人的支持和理解，为项目的完成打下了坚实的基础。

四、控制阶段，控制好沟通和干系人参与，找到问题，分析原因，不断优化，使得项目信息流动最优化，显著提高项目成功的机会。

控制沟通和干系人参与在整个项目中相当重要，这关系到我们能取得相关干系人多少理解和支持。在该过程中我定期或不定期地与相关干系人举行会议，总结问题提交表、需求调查表，以及他们对我们当前工作的意见和以后工作的期望。我将平时收集的工作绩效信息进行挣值分析，对于偏差及时分析，和相关干系人沟通协商处理进度、成本和质量相关问题，提出解决方案。对于项目团队成员，我定期进行工作绩效考核和问题处理会议，让大家有什么意见都可以提出来，我们一起解决，把冲突处理在第一时间内，不让冲突进一步发展。该过程不断地进行干系人识别，更新相关的沟通方式和方法，不断地找问题，分析原因，使得项目信息流动最优化，提高了项目成功的概率。

该过程严格按照变更流程处理相关变更。

五、项目结束的时候,做好沟通管理和干系人管理的组织过程资产总结,为后期项目做好知识管理。

经过全体成员的努力,在 155 天内完成了该项目,实际花费 2180.15 万元人民币,比合同提前了 25 天,节约近 20 万元人民币,赢得了甲方与公司的一致好评。回顾而言,项目的成功很大程度上归功于我在项目的沟通管理和干系人管理中采取了面对面的交流、问题提交表、需求调查表和电话沟通等方式进行有效率和效果的沟通,不仅仅减少了我与甲方的冲突和矛盾,也锻炼了团队成员的沟通能力和技术水平,减少团队成员的冲突和矛盾。但是在项目培训过程中,由于对一般工作人员的工作时间没有充分考虑,没有与相关科室负责人沟通好,耽误近三天的时间,增加了培训直接成本,之后我采取措施,根据工作人员工作安排调整了该培训计划,晚上或周末休息时间对没有参加培训的工作人员进行加班培训,这次教训告诉我在以后的工作中一定要结合实际情况,及时了解相关干系人的工作和休息时间,再来制定计划。我把这次教训总结在我自己的工作失误笔记中,以备为后期项目提供组织过程资产。

4.8 采购管理论文实战

4.8.1 2020 年下半年试题二

1．概要叙述你参与管理过的信息系统项目(项目的背景、项目规模、发起单位、目的、项目内容、组织结构、项目周期、交付的成果等),并说明你在其中承担的工作(项目背景要求本人真实经历,不得抄袭及杜撰)。

2．请结合你所叙述的信息系统项目,围绕以下要点论述你对信息系统项目采购管理的认识,并总结你的心得体会:

(1)项目采购管理的过程。

(2)如果需要进行招投标,请阐述招投标程序。

4.8.2 写作思路

一、首先在背景中要体现出项目的背景、项目规模、发起单位、目的、项目内容、组织结构、项目周期、交付的成果,以及作者在其中担任的角色。

二、正文部分按采购管理的四个管理过程顺序写,每个管理过程都要结合项目背景体现出输入、工具与技术和输出的应用。

三、在实施采购过程中要结合项目背景写出招投标程序。

四、结尾部分要写出对信息系统项目采购管理的认识,总结经验教训。

五、可以结尾着重强调项目招标投管理的重要性,突出论题。

4.8.3　精选范文

作者：王开景　　　信息系统项目管理师

为落实中国人民银行对商业银行现钞冠字号码管理的要求，有效控制假币流通风险，××银行提出冠字号管理系统项目建设方案，并对项目进行了公开招标，我公司顺利中标。我公司为项目型组织，2019 年 10 月，公司通过发布项目章程任命我为项目经理，全面负责该项目的建设管理。该项目共投资 692 万元人民币，建设工期为 9 个月。通过该项目的建设，完成了该行冠字号管理系统中心端、采集端、应用系统的开发集成，该系统采用 HP380GEN10 服务器，运用 C# 和 JDK 中间件开发，支持 Oracle 数据库，采集端采用 C/S 架构，应用端采用 B/S 架构，实现了该银行所有网点金融机具冠字号码采集与管理功能，有效降低了假币流通的风险。

由于本项目涉及全省 87 个县市 642 个金融网点、包括 9 个不同品牌共 2000 多台的金融机具，范围广、设备多、需求复杂，且金融行业的信息系统有其严格的行业开发标准，素以高质量、高可靠、高安全、高效率著称，项目实施过程中不可避免地需要从项目团队外部购买或获取所需产品、服务或成果，因而项目的采购管理显得尤为重要。通过有效的采购管理特别是规范的招投标，不仅可以减小项目风险，还能降低项目成本，加强项目利润和企业核心竞争力。本文我以该项目为例，从规划采购管理、实施采购、控制采购、结束采购几方面论述了信息系统项目的采购管理。

1. 规划采购管理，做出采购决策，为后期采购工作提供指南

规划采购管理是记录项目采购决策、明确采购方法、识别潜在卖方的过程。我们根据项目管理计划、需求文件，项目进度计划、风险登记册等，与干系人一起采用会议的形式，对项目的可交付成果进行了自制/外购分析，本项目主要可交付成果包含冠字号管理中心端、采集端、应用端为一体的软件系统和服务器、存储设备、采集端 PC 等硬件。我公司在软件开发方面有较强的能力且有类似项目经验，经过综合考虑成本、风险等因素，我们决定软件系统由我们自行开发，硬件设备由于我公司无法提供，所以决定外购。随后我们对外购的设备进行了市场调研，根据市场行情，为减小风险，同时吸引更多供应商参与项目，决定采用总价合同的形式进行公开招标。并根据项目需求明确了采购时间、数量、质量标准等，制定了评标标准。最后形成了项目采购管理计划和采购文件、采购工作说明书。随后报双方高层审批同意后纳入项目基线管理。

2. 实施采购，选中合格卖方，签订协议

实施采购是获取卖方应答、选择卖方并授予合同的过程。我们根据项目采购管理计划、采购文件、采购工作说明书等，本着公平、公开、公正的原则，进行公开招标实施采购。我们邀请了技术、法律、经济专家共 5 名，银行和公司代表各 1 人，共 7 人组成了评标委员会，于 11 月 1 日发布了招标公告，邀请不特定的法人或组织在 11 月 20 日前来投标。我们一共收到了 8 份投标书，投标截止的同一时间，我们组织了开标会，严格按评标标准进行评标，根据技术分+商务分+报价分总和，评出了前三名投标人，由于之前已得到授权，因此，我们把总分排名第一的投标商确定为中标人，

并进行了为期 3 天的公示,公示期结束后向中标人发出了中标通知,同时也把招标结果通知了其他投标人。最后我们根据中标价与中标人签订了 168 万元的总价合同,明确了采购货物名称、质量要求、技术标准、交付日期、结算方式、违约责任等,为了保证合同正常履行,我们收取了 15 万元的履约保证金。

3. 控制采购,确保协议的履行,满足采购需求

控制采购的主要内容是管理采购关系,监督合同执行情况,并根据需要实施变更和采取纠正措施的过程。合同签订后不代表采购工作就可以高枕无忧了,反而是由于具体工作由供应商执行,我们更要加强监督。因此我们根据签订的合同、工作绩效报告等,采用检查与审计、合同变更控制系统等技术工具,跟踪采购工作,监督合同执行情况,并安排专人对供应商的工作进行了检查与审计,每周向我汇报合同执行情况,如在涉及项目关键的服务器采购中,我们跟踪到供应商受水灾影响,当地交通中断,所以未能按合同约定日期发货,我知悉后马上与供应商进行了紧急磋商,通过合同变更管理,把原计划的陆运改成了空运,确保了在规定时间服务器到货,项目进展未受影响,随后我更新了项目文件。同时我们还对供应商的履约情况进行审查,确保在成本和进度内完成项目范围和达到采购质量要求,以满足项目采购需要。

4. 结束采购,总结经验教训,文件资料归档

结束采购是完成单次采购活动的过程。我们根据项目管理计划和采购文件,采用采购审计和记录管理系统,输出了结束的采购和组织过程资产更新。首先我们组建验收小组,对采购的设备按合同进行验收,验收过程中发现有两台 PC 机运输过程中包装受损,我们要求供应商进行了换货处理,最终验收合格后移交相关产品和文档(产品说明书、质量保证书、保修卡等),出具了经银行代表、公司代表与供应商三方签字确认的验收合格报告。接下来我通知公司财务支付采购相应款项,结束本次采购。最后我们对本次采购工作相关资料进行整理归档,把合同文件、执行情况、相关凭据等输入记录管理系统,并对采购工作从计划到结束进行了梳理,总结本次采购的经验教训,为其他项目提供借鉴。

经过团队全体成员的共同努力,我们在批准的预算内按期完成了项目工作,满足了项目质量要求,顺利通过了银行方组织的验收,得到了公司和银行领导的一致好评。本项目的成功离不开我对采购管理的科学管控,采购前进行系统决策,采购中规范采购方法,严格按招投标程序进行采购,选择出了最为符合要求的供应商,并持续对合同执行情况进行跟踪,采购后进行总结。当然,在本项目中,也有一些不足之处,如在项目的实施过程中,采购的服务器受水灾影响,导致未能走陆运及时发货,最后经过协调,通过空运进行了发货,虽然未造成项目延期,但运输成本增加了 2000 多元。这一事件也提醒我们,作为项目经理,除了要掌握项目管理知识、项目应用领域的知识、标准和规定、通用的管理知识和技能外,还需要掌握项目环境等知识,具有良好的协调和沟通能力,才能做到统揽全局、决胜千里。

4.9 风险管理论文实战

4.9.1 2019 年上半年试题一

1. 概要叙述你参与管理过的信息系统项目（项目的背景、项目规模、发起单位、目的、项目内容、组织结构、项目周期、交付的成果等），并说明你在其中承担的工作。

2. 结合项目管理实际情况并围绕以下要点论述你对信息系统项目风险管理和安全管理的认识。

（1）项目风险管理和安全管理的联系与区别。

（2）项目风险管理的主要过程和方法。

（3）请解释适度安全、木桶效应这两个常见的安全管理中的概念，并说明安全与应用之间的关系。

3. 请结合论文中所提到的信息系统项目，介绍在该项目中是如何进行风险管理和安全管理的（可叙述具体做法），并总结你的心得体会。

4.9.2 写作思路

一、首先本文属于双拼论文的范畴，论文要求以风险管理为主，属于一主一副的双拼论文。架构上以主论文为主，即以风险管理为主线写，把安全管理融入风险管理中。

二、在背景中要体现出项目的背景、项目规模、发起单位、目的、项目内容、组织结构、项目周期、交付的成果，以及作者在其中担任的角色。

三、建议采用过渡段，在过渡段中写对风险管理和安全管理的认识，包括区别与联系。

四、正文部分按风险管理的六个管理过程顺序写，把安全管理的相关知识融入其中。风险管理的管理过程中要体现出常用的管理方法。

五、要在文中体现对木桶效应和适度安全的理解，并说明它们与应用的关系。响应要求位置自行安排。

六、结尾部分要写出对信息系统项目风险管理和安全管理的认识，总结经验教训。

七、可以在开头和结尾着重强调项目风险管理与安全管理之间的关联，首尾呼应，画龙点睛。

4.9.3 精选范文

作者：王跃利　　信息系统项目管理师

2020 年 3 月份，××机场集团公司通过招标将××机场的智慧机场建设项目发包给××空港网络公司实施，项目投资额 670 万元左右，项目要求在 2021 年 7 月 1 日前正式运行，项目工期是 16 个月。该智慧机场项目以提升民航服务质量为目标，推行"无纸化"便捷出行，推广人脸识别技术；改进安检手段完善安检设施，提高繁忙时段通道效率，推行停车场无感支付技术。公司采用项目组织结构，任命我担任该项目的项目经理，具体领导和管理 35 人的项目实施团队。

由于本项目属于民航领域的信息系统，一些细小的差错也可能引发重大的问题，所以项目的风险与安全管理显得极其重要，项目风险是一种不确定的事件或条件，一旦发生，会对项目目标产生某种正面或负面的影响。信息安全管理是对信息系统的安全风险（安全威胁）进行有效的识别、评估后，所采取的各种措施、手段，以及建立的各种管理制度、规章等。由此可见，信息系统与信息安全紧密相关，风险管理包含安全管理，安全管理影响着风险管理。

我们按照项目既定的进度、成本和质量等目标，项目风险管理程序，认真做好风险管理计划编制，并同时制订适度安全策略；对风险进行充分必要的识别；随后对风险进行定性分析和定量分析；对各类主要风险制订好应对计划；加强风险监控等工作，并进行了良好的配置管理工作，严格遵循变更控制程序，使该项目顺利达到预期目标，如期通过验收，目前××智慧机场项目运行稳定。下面我将从风险管理的过程中风险管理计划编制、风险识别、风险定性分析、风险定量分析、风险应对计划编制和风险监控等进行论述我在该项目风险管理中所进行的相关工作。

一、在规划阶段做好规划风险管理、风险识别、风险的定性和定量分析，根据风险登记册做好风险应对计划，根据适度安全的相关标准做好防止"木桶效应"的相关计划和措施

在风险管理的规划阶段，我召开相关会议，与相关干系人和相关专家，根据项目管理计划、项目章程、干系人登记册、事业环境因素和组织过程资产等相关资料制定了风险管理计划和安全管理计划。其主要内容是：根据合同及国家相关标准执行风险和安全管理，加强风险和安全的相关知识培训，进行全面质量管理，让干系人时刻保持安全和质量意识。该项目的风险分为已知风险和未知风险，分别做好应急储备和管理储备。安全管理计划的核心策略是做好"七定"（定方案、定岗、定位、定员、定目标、定制度、定工作流程），提高系统的安全性和稳定性。首先定方案按照适度安全的标准，根据适度安全原则，一个好的信息安全保障系统的标志就是有效控制两者的"平衡点"，既能保证安全风险的有效控制，又使安全的代价可以接受。因此，我们围绕威胁、资产、脆弱性、安全措施展开分析，在评估时不仅考虑现有环境，还要考虑近期和远期发展变化趋势，同时，还评估了控制风险所需的安全代价，我们设定等保是第二级系统审计保护级，并制定安全管理制度体系，明确信息安全的目标、建立和完善信息安全管理制度，最终成立安全管理小组，明确组员的职责等"七定"内容。

根据项目管理计划和安全管理计划等资料，我们采用文档审查、信息收集、SWOT 分析等技术进行风险识别。经会议研究得到已知的风险有范围蔓延，成本超支，质量问题，安全管理不到位，沟通不到位等；未知的风险有国家政策和技术标准的变动，自然灾害等，分别制定了相关应对措施清单，风险责任人，并制定了相关的应急储备和管理储备，之后整理会议，得到风险登记册，并更新相关文件。

根据风险登记册等相关资料，先进行风险定性分析，把各类风险发生的概率和影响分别分成了很低、低、中等、高、很高五个等级，并分别赋予了不同的数值，制作了概率及影响矩阵，通过概率影响矩阵，可以清楚的看到；沟通不到位影响程度是 5；质量问题影响程度是 5；范围蔓延影响程度是 4；成本超支，影响程度是 3；安全管理不到位影响程度是 4；对于未知风险：自然灾害、国家相关政策变动、技术更新影响程度是 5。然后对相关风险进行排序，已知风险的顺序是：沟通不到位，质量问题，范围蔓延，成本超支，安全管理不到位；未知风险的顺序是：自然灾害，国家

政策和技术标准的变动。随后我们采用了决策树分析进行了定量风险分析，把每种风险对项目的影响进行量化，然后把每个可能结果的数值与其发生的概率相乘，再把所有乘积相加，得到 EMV，随后进行项目文件更新。

根据更新后的风险登记册，我们灵活采用回避、转移、减轻等风险应对策略，如对于沟通不到位，我们采用定期、不定期会议，发放需求调查表和问题提交表等方式进行沟通处理。对质量风险则加强全面质量管理和培训，提高质量意识。针对安全管理方面风险严格按照系统审计保护级实施了粒度更细的自主访问控制，通过登录规程、审计安全性相关事件和隔离资源，使用户对自己的行为负责。因为信息系统就和一个木桶一样，其安全水平是由构成木桶最短的那块木板决定的，因此我加强设备安全、数据安全、内容安全、行为安全管理，减少"木桶效应"。会议中对其他风险做好应对计划，做好应急储备和管理储备。会后把风险应对计划上报高层，经其批准，随后更新相关的项目管理计划和项目文件。

二、在风险和安全控制阶段，严格按照相关制度和流程进行风险和安全管理，依据风险应急计划处理相关风险，减少"木桶效应"

在该过程组中，我要求项目管理办公室定期或不定期到相关科室收集需求调查表和问题提交表，总结归纳，然后交于我们项目团队进行处理。我每天都对当前活动收集齐 AC、EV、PV、CV、SV 等相关进度、成本工作数据，对其进行分析，对好的、坏的都进行分析归纳，找出其中的机会和威胁，进行相关的措施。为减少"木桶效应"严格执行系统审计保护级的规定，进行系统安全再评估、日志分析等控制方法，同时对重点监控日志采取了动态评估及定期评审，我以周和里程碑为单位，定期对系统安全日志实行再评估、审计。每周的项目例会中将系统安全管理作为单独一个议程，对系统威胁应对措施实施的有效性以及当前系统的状态进行检查。如果发现问题，团队成员集体讨论，对应对措施进行纠偏。

三、总结

在该项目的风险和安全管理中，好的安全管理可以减少或减轻风险带来的危害。严格按照安全管理制度执行相关安全工作，是保证信息系统安全的有利保障。同时如果不注意安全管理的相关工作，就会给项目带来更多的风险，因此加强设备安全、数据安全、内容安全、行为安全管理是十分必要的，减少了"木桶效应"，提高大家的安全意识。

该项目经过全体成员的努力，在 11 个月内完成了该项目，实际花费 650.89 万元人民币，比合同提前了近 1 个月，节约近 20 万元人民币，赢得了一致好评。回顾而言，项目的成功很大程度上归功于我在项目的风险管理中采取了积极的措施、沟通、培训，实施全面质量管理来应对风险，同时，严格遵循适度安全原则，减少木桶效应，保证了成本可控的同时又满足了信息系统的安全需求。但是在项目培训过程中，由于对一些工作人员的工作时间没有充分考虑，耽误近三天的时间，增加了培训直接成本，之后我采取措施，根据工作安排调整了该培训计划，晚上或周末休息时间对没有参加培训的人员进行加班培训，这次教训告诉我在以后的工作中一定要结合实际情况，及时了解相关干系人的工作和休息时间，来制定计划。我把这次教训总结在我自己的工作失误笔记中，以备为后期项目提供组织过程资产。

4.10 招投标管理论文实战

4.10.1 2021 年下半年试题一

招投标管理是应用技术经济的方法和市场经济的竞争作用，有组织开展的一种择优成交的方式。请以"论信息系统项目的招投标管理"为题进行论述：

1．概要叙述你参与管理过的一个信息系统项目（项目的背景、项目规模、发起单位、目的、项目内容、组织结构、项目周期、交付的成果等），并说明你在其中承担的工作（项目背景要求本人真实经历，不得抄袭及杜撰）。

2．请结合你所叙述的信息系统项目，围绕以下要点论述你对信息系统项目招投标管理的认识，并总结你的心得体会：

（1）项目招投标管理的过程。

（2）根据你所描述的项目，编制一份招标文件中的评分表。

3．请结合你所叙述的项目招投标管理和投标文件，写出从投标文件编写到投送过程中的注意事项。

4.10.2 写作思路

一、在背景中要体现出项目的背景、项目规模、发起单位、目的、项目内容、组织结构、项目周期、交付的成果，以及作者在其中担任的角色。

二、正文按招投标管理过程顺序写。

三、要在招标过程中结合项目背景写出一份招标文件的评分表。

四、要在投标管理过程中写出投标文件编写到送达的注意事项。

五、结尾部分要写出对信息系统项目招投标管理的认识，总结经验教训。

六、可以在开头和结尾适当强调项目招投标管理的重要性，画龙点睛。

4.10.3 精选范文

作者：刘开向　　信息系统项目管理师

近两年来，旅游业已成为贵州省经济引领产业，随着游客数量的不断增加，景区的管理和服务面临着巨大的挑战。习总书记曾强调，安全生产要"零容忍、全覆盖"，据此，××景区提出智慧安防信息系统项目建设方案，系统包括视频监控、客流分析、消防安全、应急预警等 5 个管理子系统的开发集成。要求采用 J2EE 平台和 SOA 面向服务的架构，采用"高内聚、低耦合"的模块化设计原则，确保该信息系统满足动态升级需要。拟通过该项目的建设，实现该景区各安防管理子系统的跨平台、跨网络、跨终端应用和景区的信息资源共享，从而提升景区的安防管理服务水平，吸引更多的游客，促进地方经济发展。为选择到优质集成商，该景区对该项目进行了公开招标，为树立起我公司在景区信息化建设方面的良好口碑，扩大公司发展渠道，公司领导非常重视该项目，组建了投标团队，我公司投标团队在认真分析招标文件后，通过精心准备，严格按招标文件响应客户需求，以较强的技术优势、合理的投标报价、出色的商务能力，最终顺利中标，中标价 492.18 万元，建设工期为 6 个月。

由于该项目直接关系着公司的发展战略，公司为该项目专门成立了项目部（即项目型组织），2021 年 4 月底，公司通过发布项目章程任命我为项目经理，全面负责该项目的建设管理，在项目实施过程中，我通过科学规范的管理，最终按时保量地实现了××景区智慧安防信息系统的交付，为公司在景区信息化建设方面打开了局面。本项目的成功，始于我们成功的招投标管理。本文以该项目为例，从项目招标、项目投标、项目开标、评标及定标、选定承建商几方面，论述了信息系统项目的招投标管理。

一、项目招标

依据《中华人民共和国招标投标法》，大型基础设施、公用事业等关系社会公共利益、公众安全的项目，使用国际组织或者外国政府贷款、援助资金的项目，包括项目的勘察、设计、施工、监理，以及与工程建设有关的重要设备、材料等的采购，必须进行招标。根据邀请投标对象和邀请方式，招标分为公开招标和邀请招标。由于本项目涉及社会公共利益、公众安全，所以该景区以招标公告的方式于 2021 年 3 月 10 日在当地公共资源交易中心网站上发布了招标公告，邀请不特定的法人或者其他组织于 3 月 15 日前至招标公告上的指定地点购买招标文件，并明确本项目投标截止时间为 3 月 31 日上午 10 点。我公司获悉此公告后，于 3 月 12 日安排我至该景区以 300 元的价格购买了招标文件，在招标文件中，明确了本项目的投标人资格要求、供应商须知、采购清单及技术指标等，并明确说明了本项目将采用综合评分法进行评标，具体评分标准如下：

评分表

评分项及标准		供应商得分	供应商 1 得分	供应商 2 得分	供应商 n 得分
价格分（30 分）	投标报价得分=（评标基准价/有效投标报价）*价格权值（30%）*100%				
技术分（50 分）	技术参数响应（40 分） （1）完全满足技术参数要求得满分。 （2）带"★"条款一条不满足（负偏离）扣 3 分，扣完为止。 （3）带"Δ"条款一条不满足（负偏离）扣 1 分，扣完为止				
	投标人拟投入本项目的技术团队情况（6 分）：投标人投入 10 名以上高级技术职称的技术人员，得 6 分；投标人投入高级技术职称的技术人员每少 2 人减 1 分，最低 0 分				
	整体实施方案（4 分）：整体实施方案详细、全面、符合景区实际情况的得 4 分；较详细、较全面的得 2 分；整体方案粗略、不全面的得 1 分；未提供的得 0 分				

续表

评分项及标准		供应商得分	供应商 1 得分	供应商 2 得分	供应商 n 得分
商务分（20分）	企业业绩（3分）：提供投标人 2019 年至今 3 个核心产品同类业绩的，得 2 分；每多提供 1 个得 0.5 分；最高得 3 分				
	商业信誉及履约能力（3分）：投标人同时具有 AAA 级资信等级证书、AAA 级企业信用等级证书、守合同重信用企业证书，得 3 分				
	投标人资质（3分）：同时具有效期内的 ISO 9001 质量管理体系认证、ISO 14001 环境管理体系认证的，得 3 分				
	培训（4分）：投标人具有系统培训能力、且具有两人以上安防系统培训资格证书的，得 4 分，少 1 人扣 2 分，最低 0 分				
	售后服务（6分）：对投标人提供的售后服务中有售后服务内容、服务措施、服务团队及人员安排、备品备件等内容进行评审。售后服务保障体系完善、科学、详细，完全满足项目需求的得 6 分；售后服务内容不全、保障体系欠缺的得 2 分，售后服务方案不满足项目需求的得 0 分				
节能环保产品加分项（2分）	所投标产品具有节能品目清单和环境标志产品品目清单认证证书，每一项得 1 分，最高 2 分				

注：最低有效投标报价为投标基准价。

二、项目投标

获取招标文件后，围绕公司技术水平、经济财务、人力资源、项目风险等多方综合权衡后，公司决定参与投标。"谋定而后动"，我们成立了以公司王总为组长、我、市场部、技术部、运维部、法务部等部门相关成员组成的投标小组，同时参与了景区组织的项目现场堪察，在项目前期充分收集信息的基础上，共同编写投标文件，针对招标文件进行了认真细致的分析，然后严格按照招标文件的要求进行了回应，特别是打★号和 Δ 号的部分，我们反复进行了核实，在《项目实质性响应条款一览表》中逐一进行了响应；然后对投标文件的书写规范进行了检查，包括金额的大小写、单价与总价的计算等，以及检查了各类资质文件是否齐全，最后按格式要求装订成册，由公司法人李总签字后加盖了单位公章，其中正本一份，副本四份，均密封好后贴上了封条并加盖公司公章。为防止邮局投递过程中出现问题而错过投标书投标截止时间，我们采取了最稳妥的办法，亲自把投标书于 3 月 29 日下午 14 时送达景区方指定地点，交给了景区相关人员，同时通过公司账户提交了投标保证金。

三、项目开标、评标及定标

2021 年 3 月 31 日上午 10 点，在投标截止时间的同一时刻，在投标文件注明的地点举行了开标会，公司安排我参加。开标会由景区方主持，邀请所有 8 家投标商参加。开标时，由于本项目采用的是资格后审的方式，所以招标方要求所有投标人现场提交相关的资质文件，其中××公司由于未按招标文件要求提供相应的资质文件，被视为无效投标。随后由 7 家投标商相互轮流检查了投标文件的密封情况，经确认无误后，由工作人员当众拆封，宣读投标人名称、投标价格和投标文件的其他主要内容。在唱标过程中，有一家投标商因路上塞车，导致迟到了 15 分钟，投标文件未能按时送达，当场被招标方景区代表拒绝了投标。唱标完成后，所有投标商离场，评标委员会开始评标。评标委员会由景区代表和 4 名技术、经济方面专家组成。三个小时后，评标工作完成，我公司以 492.18 万元投标价综合得分 95.35，排名第一，被列为了第一中标候选人，同时还根据综合评分结果，排出了第二、第三中标候选人。2021 年 4 月 2 日至 4 月 7 日，××景区在当地公共资源交易中心网站上公示了中标候选人。

四、选定承建商、签订项目合同

公示期结束后，由于景区方没有收到评标结果的异议，于是按流程与我公司开始商谈合同签订事宜，在招标文件中约定的主要合同条款和我公司的投标中标价的基础上，我作为公司代表就一些细节问题与景区方代表一一进行了落实，确保双方就合同内容理解达到一致，且确保合同不损害国家、集体和第三人的利益。其主要内容包括了项目名称、标的内容、范围和要求、期限、技术文档和资料的保密、风险责任的承担以及验收标准和方法、费用结算支付方式、解决争议的方法等。双方于 4 月 20 日正式签订了合同。自此，项目招投标工作完成，进入了项目实施阶段。

本项目成功中标并签订合同后，我被任命为项目经理，在项目实施过程中，我严格遵循项目管理流程，并与景区、公司高层、团队成员等干系人进行良好的沟通，最终在合同约定规定的时间内实现了项目的成功交付，获得了××景区的好评，同时也为公司打开了新的业务发展渠道。本项目的成功，离不开我们公司在招投标过程中的科学管理，特别是投标过程中的全面分析后按招标文件中的评分表进行了精心准备，并合理规避了投标文件报送过程中的问题。当然，在此次招投标管理过程中，我们也仍存在一些不足，如投标文件的封面做得不如别的公司大气，内容上出现了两个错别字，好在最终没有影响投标结果。

细节决定成败，项目管理如此，招投标管理更是如此。